westermann

Spracharbeitsheft 3 A
Fördern

Erarbeitet von

Elena Bader, Astrid Eichmeyer,
Andrea Warnecke, Sabine Willmeroth

Illustriert von

Michael Ciecimirski, Svenja Doering,
Gaby Jungkeit, Silke Reimers

Inhaltsverzeichnis

Willkommen 4
Gesprächsregeln, Hefteintrag • Alphabet, Wörterliste • ie/i

1 In der Schule 8
erzählen, verstehend zuhören • Nomen, abstrakte Nomen, Nomen mit -heit, -keit, -ung, zusammengesetzte Nomen • silbentrennendes h, vokalisiertes r, nach Sprechsilben trennen • Geschichte • forschen • üben

2 In der Natur 28
Gedanken sammeln, roter Faden, Rückmeldung geben • Personalpronomen, regelmäßige/unregelmäßige Verben (Präsens), Wortbausteine (Vorsilben) • Auslautverhärtung, ß/s • Rezept • forschen • üben

3 Gemeinsam leben 48
respektvoll miteinander sprechen, über Lösungen sprechen, Streitschlichtung • Perfekt • Doppelkonsonanten, ck, tz, Dehnungs-h • Brief, E-Mail • forschen • üben

4 Zeit zum Lesen 68
Leseverhalten, Fachbegriffe, Argumente sammeln, Meinung begründen • Satzarten, Satzschlusszeichen, wörtliche Rede, Wortfeld • Ä/ä/äu • Geschichte • forschen • üben

Durch das Jahr: Herbst und Winter 88
Rondell • Gedichtmerkmale, mit Schrift gestalten

Mein Kari-Heft

Wörterliste 2

Lernen mit Kari und Bu 22

Fachwörter 33

Was diese Zeichen bedeuten:

- 👥 Arbeite mit einem anderen Kind.
- 👥 Arbeitet in einer Gruppe.
- 💬 Murmelrunde
- △ Ich – Du – Wir
- 👄 Erzähle: Was siehst du? Was denkst du?
- 🐦 Schwinge. Setze Silbenbögen.
- ✏️ Schreibe. Markiere. Unterstreiche. Male.
- ✏️ Kreuze an.
- ✏️ Kreise ein.
- ✏️ Verbinde
- 👁 Lies.
- 📓 Ich bearbeite die Aufgabe in meinem Schreibheft.
- 📖 Ich schlage in der Wörterliste nach.
- 🔍 Ich recherchiere in Büchern oder im Internet.
- 💻 Ich nehme den Text unter die Lupe.
- — S.2 Ich kann in meinem Kari-Heft nachschlagen.
- 🚩 Ich arbeite im Das kann ich-Heft weiter.

So kannst du die QR-Codes verwenden:

Anforderungsbereiche: ◯ 1 ◐ 2 ☐ binnendifferenziert

- Spracharbeitsheft (SAH)
- Sprachbuch (SB)
- Arbeitsheft Inklusiv (Wir-Heft C)

Kompetenzen der Seite; digitale Kompetenzen ;
Bildung für nachhaltige Entwicklung ;
interaktive Übungen

Kompetenzbereich

Willkommen

Gesprächsregeln wiederholen

① 👄 Erzähle.

② 👄 Warum sind Regeln für ein Gespräch wichtig? Erzähle.

③ ✏️ Verbindet. 👥

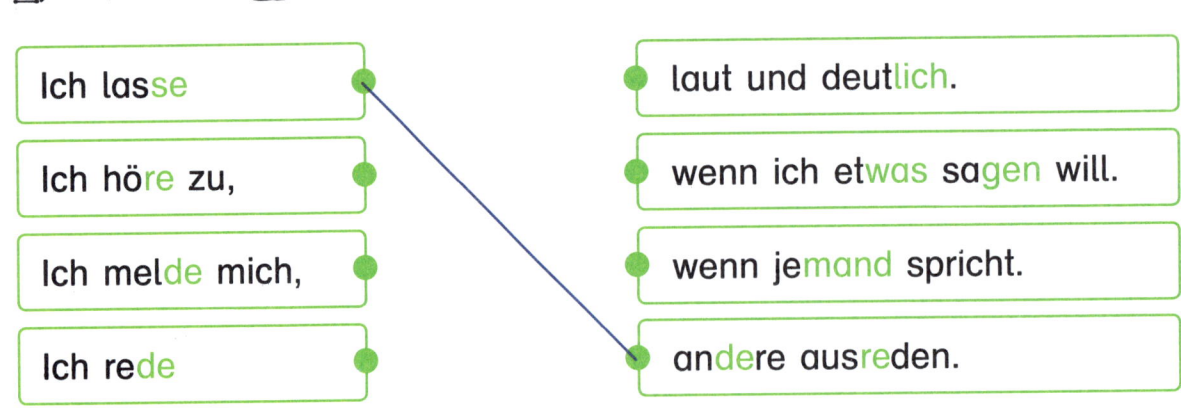

Ich lasse		andere ausreden.
Ich höre zu,		laut und deutlich.
Ich melde mich,		wenn ich etwas sagen will.
Ich rede		wenn jemand spricht.

④ ✏️ Welche Regeln für ein Gespräch gibt es in deiner Klasse?

○ 👄 Erzähle.   ○ ✏️ Male.   ○ ✏️ Schreibe.

Sprechen und Zuhören

zu anderen sprechen: erzählen; mit anderen sprechen: Gespräche führen; Gesprächsregeln entwickeln und beachten; verstehend zuhören: Hörtexte erfassen

• SAH, S. 4
• SB, S. 4

Hefteinträge lesbar gestalten

① 👁 Lies die Nachricht von Kari und Bu.

> Liebe Kinder,
>
> wir sind auf der Insel Karula.
> Sie liegt auf dem Planeten Kiruba.
> Hier gibt es seltsame Pflanzen.
> Sie heißen Karanga.
> Die Blüten schmecken sehr lecker.
> Das kirubische Meer leuchtet knallrot.
> Viele Kiralus schwimmen darin.
> Das sind Fische mit spitzen Zähnen.
>
> Liebe Grüße
> Kari und Bu

② Worauf achtest du bei einem Hefteintrag?
✏ Kreuze an.

- ⊗ Ich notiere Seite, Nummer, Datum.
- ◯ Ich beginne am Zeilenanfang.
- ◯ Ich schreibe nicht über den Rand.
- ◯ Ich male Bilder.
- ◯ Ich kritzele am Rand.
- ◯ Ich schreibe sauber und lesbar.

 S. 32

③ ✏ Schreibe den Text aus ① ab. 📖
👁 Achte auf die Regeln aus ②.

• SAH, S. 5
• SB, S. 5

Abschreibtechniken kennen und anwenden: Abschreibtechnik nutzen, leserlich schreiben

Texte verfassen

5

Das Alphabet und die Wörterliste kennen

1 👄 Erzähle.

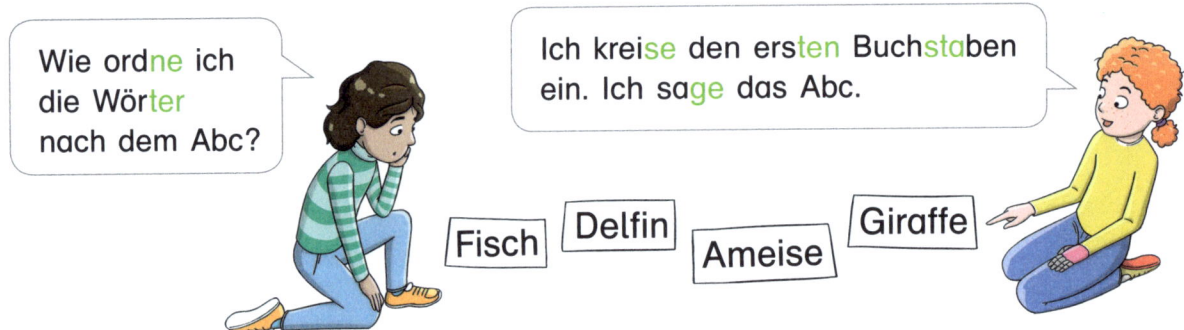

Wie ordne ich die Wörter nach dem Abc?

Ich kreise den ersten Buchstaben ein. Ich sage das Abc.

Fisch   Delfin   Ameise   Giraffe

2 ✏ Schreibe das Abc in Großbuchstaben und in Kleinbuchstaben.

Aa, Bb,

3 🖌 Kreise den ersten Buchstaben ein.
✏ Ordne die Nomen nach dem Abc.

| Fisch | Delfin | Ⓐmeise | Giraffe |

1. Ameise   2.

3.   4.

S. 29   4 👁 Schlage die Nomen nach. 📖

Brille, S. 3

Sprache untersuchen   sprachliche Strukturen anwenden: Wörter ordnen (Alphabet)   • SAH, S. 6
• SB, S. 6

Wörter mit ie und i mitsprechen

① Erkläre.

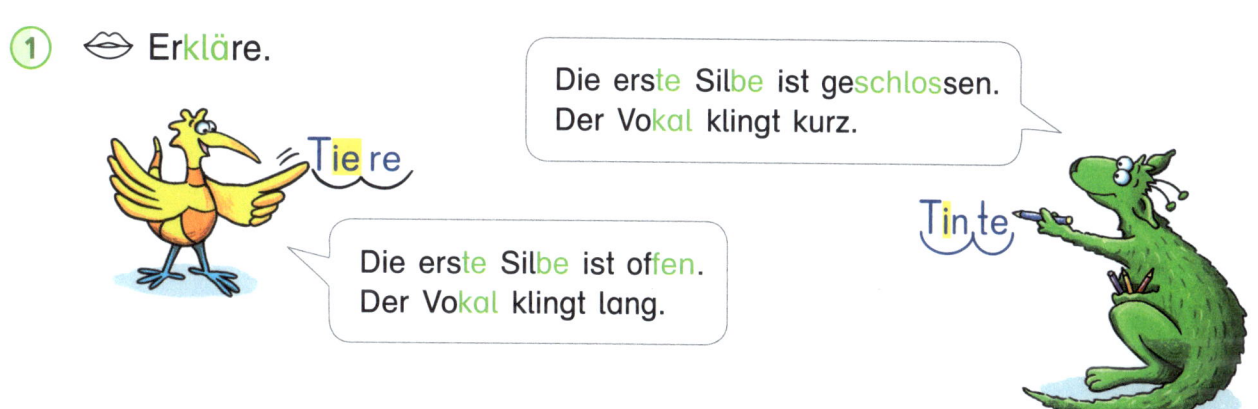

Die erste Silbe ist geschlossen.
Der Vokal klingt kurz.

Die erste Silbe ist offen.
Der Vokal klingt lang.

② Setze Silbenbögen. Markiere die Vokale in der ersten Silbe.

| Tiere – Tinte | Bilder – Biene | Lieder – Linde |

③ Schreibe die Wörter aus ② in die Tabelle.

erste Silbe **offen**	erste Silbe **geschlossen**
Tiere	Tinte

④ ie oder i? Setze Silbenbögen. Schreibe.

Schiene	Sch___nken	Fl___ge	St___fte
W___se	r___chen	s___ngen	kr___chen
tr___nken	st___nken	K___nder	Br___fe

In der Schule

Von Erlebnissen erzählen

1 👄 Beschreibe.

(Bild: Kinder im Kletterpark mit Drache und Vogel)

Sprechblase: „Heute machen wir einen Ausflug mit der Klasse."

2 👄 Erzähle von einem Ausflug.

| Wer? | Wann? | Wo? | Was? |

Am Montag war ich mit ... | Wir haben ... | Es war ...

3 ✏️ Gestalte deinen Ausflug aus ②.

○ ✏️ Male.   ○ 👄 Nimm auf.   ○ ✏️ Schreibe.

Sprechen und Zuhören — zu anderen sprechen: von Erlebnissen berichten; verstehend zuhören: Hörtexte erfassen

- SAH, S. 8
- SB, S. 8

Verstehend zuhören

① 👄 Erzähle.

Vor dem Zuhören:
- Was weiß ich zum Thema? Ich überlege.
- Ich stelle mich auf das Zuhören ein.
- Ich schaue das Kind an.

Während des Zuhörens:
- Ich höre genau zu.
- Ich denke mit.
- Ich schreibe Stichworte.
- Ich schaue das Kind an.

Nach dem Zuhören:
- Ich denke über das Gehörte nach.
- Ich stelle Fragen.
- Ich gebe Rückmeldung.

② 👄 Wie hören die Kinder in ① zu? Beschreibt. 💬

Wenn du genau zuhörst, kannst du passende Fragen stellen.

③ 👄 Erzählt euch von einem Ausflug.
   👁 Beachtet die Zuhör-Regeln aus ①. 👥

④ 👄 Worauf achtest du beim Zuhören? Erzähle.

- SAH, S. 9
- SB, S. 9

mit anderen sprechen: Gesprächsregeln beachten;
verstehend zuhören: Zuhörstrategien nutzen

Sprechen und Zuhören

S. 22

Nomen kennen

S. 22

① 👄 Wie erkennst du ein Nomen? Erkläre. △

② ✏ Unterstreiche nur die Nomen: <u>Menschen</u>, <u>Tiere</u>, <u>Pflanzen</u>, <u>Dinge</u>.

das	zwischen	<u>Kind</u>	Pony	Gras
die	Tafel	Brille	Tanne	bunt
der	spricht	Hund	Onkel	sagt

③ ✏ Ordne die Nomen aus ②.
✏ Markiere den ersten Buchstaben.

Menschen: das **K**ind _____

Tiere: _____ _____

Pflanzen: _____ _____

Dinge: _____ _____

④ ✏ Schreibe die Nomen aus ③ mit dem Schiebewort **kleine**.

das kleine **K**ind, _____

_____

_____

_____

Sprache untersuchen — sprachliche Begriffe kennen und anwenden: Nomen (Substantiv) kennen; Rechtschreibstrategien anwenden: Nomen großschreiben • SAH, S. 10 • SB, S. 10

Nomen kennen

1) Kreise Einzahl und Mehrzahl ein.

die Gabel	der Hund
das Auto	die Frau
die Schere	

die Autos	die Frauen
die Scheren	die Gabeln
die Hunde	

2) Schreibe die Nomen aus 1 in die Tabelle.
   Was ändert sich in der Mehrzahl? Markiere.

Einzahl	Mehrzahl
die Gabel	die Gabeln

3) Schreibe die Nomen in der Mehrzahl. Prüfe.
   Was ändert sich in der Mehrzahl? Markiere.

das Buch	die Bücher	das Glas	
der Bruder		die Maus	
die Bank		der Korb	

S. 29

Abstrakte Nomen kennen

① ✏ Verbinde die Oberbegriffe mit den Nomen. 💬

Gefühle	Jahreszeiten	Wochentage
der Montag der Mittwoch	die Liebe der Hunger	der Herbst der Sommer

Nomen (Substantive) sind auch **Gefühle**, **Gedanken**, **Jahreszeiten** oder **Wochentage**:
die Liebe, der Einfall, der Herbst, der Montag.

② ✏ Unterstreiche die Nomen: Jahreszeiten, Wochentage, Gefühle/Gedanken.

| der Sommer | die Wärme | der Traum | der Samstag |
| die Freude | der Mittwoch | der Durst | der Frühling |

③ ✏ Ordne die Nomen aus ②.

Jahreszeiten: der Sommer _____

Wochentage: _____ _____

Gefühle/Gedanken: _____ _____

_____ _____

Ein Schiebewort hilft.

④ ✏ Schreibe die Nomen aus ③ mit Artikel und Schiebewort auf. 📖 der schöne Sommer,

schöne

Abstrakte Nomen kennen

1 Unterstreiche die Nomen nach den Oberbegriffen aus ②.

Lehrerin	Tanne	März	Gras	Glück
Eule	Freitag	Becher	Känguru	Tablet
Angst	Juni	Montag	Freund	

2 Ordne die Nomen aus ①.

Menschen: Lehrerin

Tiere:

Pflanzen:

Dinge:

Wochentage:

Monate:

Gefühle/Gedanken:

3 Schreibe die Nomen mit dem Schiebewort **kurze**.

das Glück — das kurze Glück

die Angst

der Juni

der März

Nomen mit heit, keit und ung kennen und bilden

① 👄 Was fällt euch auf? Erzählt. 💬

Ich möchte **frei** sein.
Freiheit ist wichtig.

Es muss **sauber** sein.
Sauberkeit ist schön.

Wir **wohnen** im Talweg.
Die **Wohn**ung ist hell.

Wörter mit den Wortbausteinen heit, keit oder ung sind **Nomen**. Du schreibst sie groß:
die Freiheit, die Sauberkeit, die Wohnung.

② ✏️ Verbinde. Markiere die Wortbausteine heit und keit.

frei	—	Gesundheit		häufig	—	Sparsamkeit
dunkel		Dummheit		flüssig		Möglichkeit
gesund		Freiheit		möglich		Häufigkeit
dumm		Dunkelheit		sparsam		Flüssigkeit

(frei — Freiheit; häufig — Häufigkeit)

③ ✏️ Verbinde. Markiere den Wortbaustein ung.

halten   lesen   bestellen   dichten   rechnen

Bestellung   Haltung   Lesung   Rechnung   Dichtung

(halten — Haltung)

Nomen mit heit, keit und ung kennen und bilden

1 Schreibe Nomen mit dem Wortbaustein heit.

~~sicher~~	krank	faul	klug	wahr

die Sicherheit,

Nomen mit heit, keit und ung haben den Artikel **die**.

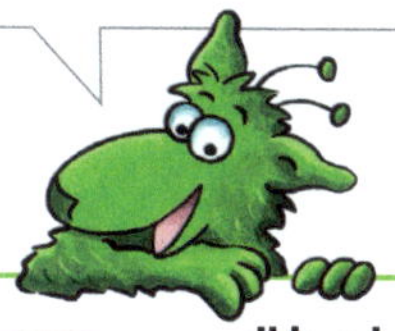

2 Schreibe Nomen mit dem Wortbaustein keit.

~~freundlich~~	höflich	gemeinsam	traurig	einsam	übel

die Freundlichkeit,

3 Schreibe Nomen mit dem Wortbaustein ung.

heiz~~en~~	**melden**	**meinen**	**üben**
ordnen	**öffnen**	**lösen**	**werben**

die Heizung,

• SAH, S. 15
• SB, S. 12

sprachliche Strukturen kennen und anwenden: Wortbausteine -ung, -heit, -keit kennen, Möglichkeiten der Wortbildung kennen; Rechtschreibstrategien anwenden: Nomen großschreiben

Zusammengesetzte Nomen kennen

① 👄 Erzähle.

② ✏️ Schreibe die zusammengesetzten Nomen mit Artikel.
👄 Was fällt dir auf? Erzähle.

der Apfel	+	der Kuchen	=	der Apfelkuchen
die Nuss	+	der Kuchen	=	
das Obst	+	der Kuchen	=	

Das ist ein zusammengesetztes Nomen:
das Obst + der Kuchen = der Obstkuchen
                ↑   ↑
      Bestimmungswort   Grundwort

Das Grundwort steht hinten. Es bestimmt den Artikel.

③ ✏️ Schreibe die zusammengesetzten Nomen mit Artikel.

der Vogel	+	das Nest	=	das Vogelnest
der Spiegel	+	das Ei	=	
das Fenster	+	die Bank	=	
das Haus	+	die Tür	=	

Zusammengesetzte Nomen kennen

1) ✏️ Finde die zwei Nomen. Male einen Strich. Schreibe auf.

der Feder|ball = die **Feder** + **der Ball**

das Gartenhaus = der _____ + _____

der Milchreis = die _____ + _____

die Saftflasche = der _____ + _____

das Stuhlbein = der _____ + _____

der Wäschekorb = die _____ + _____

die Brotdose = das _____ + _____

die Zahnbürste = der _____ + _____

2) ✏️ Schreibe die zusammengesetzten Nomen mit Artikel.

das Obst
das Laub ⟶ **der** Baum
die Nuss

der Käse
die Butter ⟶ **das** Brot
die Wurst

der Obstbaum

Wörter mit silbentrennendem h mitsprechen

① 👄 Erzähle.

Schwinge: **Kühe**.
So hörst du das **h**
zu Beginn der zweiten Silbe.

② 🐦 ✏️ Setze Silbenbögen. Markiere **h**.

| Kühe | Rehe | Schuhe | Reihe | Zehen | Flöhe |
| sehen | gehen | ziehen | drehen | glühen | stehen |

Das **silbentrennende h** steht oft zu Beginn der zweiten Silbe.
Genaues Mitsprechen in Silben hilft dir: Kühe, sehen.

③ ✏️ 🐦 Schreibe die Verben. Setze Silbenbögen. Markiere **h**.

Wir _sehen_ die Wolken am Himmel.

Die Blumen _____ auf der Wiese.

Die Landwirte _____ das Gras.

Die Fahnen _____ im Wind.

Die Pferde _____ die Kutsche.

Die Tiere _____ vor dem Feuer.

blühen
wehen
ziehen
~~sehen~~
mähen
fliehen

Richtig schreiben — rechtschriftliche Kenntnisse anwenden: Wörter mit silbentrennendem h schreiben; Rechtschreibstrategien anwenden: Mitsprechen • SAH, S. 18 • SB, S. 14

Wörter mit silbentrennendem h weiterschwingen

① 👄 Erzähle.

② 🕊️ ✏️ Schwinge die Verben weiter.

sie blüht	**wir blühen**	sie leiht	
er kräht		sie steht	
er droht		er flieht	
es weht		sie glüht	
er dreht		er geht	
er näht		sie mäht	
sie zieht		er fleht	

③ ✏️ Verbinde.

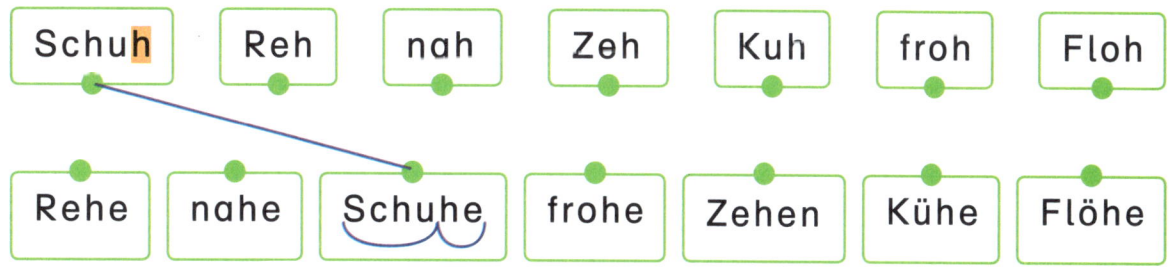

Wörter mit vokalisiertem r schreiben

① Schwingt die Nomen in der Einzahl und Mehrzahl.
Was fällt euch beim r auf? Erklärt.

| Flur – Flure | Papier – Papiere | Tor – Tore |
| Tier – Tiere | Schnur – Schnüre | Tür – Türen |

② Setze Silbenbögen in ①. Markiere r.

③ Schreibe die Wörter ab. Setze Silbenbögen. Markiere r.

| Gurke | Erde | Birne | Körper | Kirsche | Würfel |

Gurke,

④ Schwingt die Nomen aus ③.
Wie klingt r am Ende der Silbe? Erzählt.

Am Ende einer Silbe klingt r wie a.

⑤ Sprecht die Wörter. Markiert das r.
Wie klingt r nach a? Erzählt.

| Bart | Harke | Garten | Farbe | Arm | Marke |

Der Konsonant r kann unterschiedlich klingen.
Es kommt darauf an, wo er im Wort steht:
Flur, Gurke, Bart.

Nach a hörst du r schlecht.

Richtig schreiben — rechtschriftliche Kenntnisse anwenden: Wörter mit vokalisiertem r schreiben; Rechtschreibstrategien anwenden: Mitsprechen
• SAH, S. 20
• SB, S. 16

Wörter nach Sprechsilben trennen

① Erzähle.

> Heute gehe ich mit meiner Klasse klettern. Alle müssen einen Helm und auch einen Klettergurt tragen.

Ich schreibe nicht über den Rand.
Viele Wörter kann ich nach **Silben** trennen.
Am **Zeilenende** setze ich einen **Trennstrich**.
Heute gehe ich mit mei-
ner Klasse klettern.

② Schreibe die markierten Wörter aus ① nach Silben getrennt auf.

mei-ner

③ Setze Silbenbögen in ①.

④ Schreibe die Sätze aus ① nach Silben getrennt auf.

Heu-te ge-he

Eine Geschichte planen und schreiben

① 👄 Adin hat eine Geschichte geplant. Erzähle.

Wer? – meine Klasse
Wann? – am Morgen
Wo? – Kletterwald
Was? – 10 Meter hoch klettern
– Angst

Im Kletterwald
Ich bin mit meiner Klasse am Morgen im Kletterwald. Dort …

② ✏ Plane eine Geschichte wie Adin. Schreibe Stichworte.

Wer? _____

Wann? _____

Wo? _____

Was? _____
_____

③ ✏ Schreibe eine Geschichte. 📓

Checkliste Geschichte
- sinnvolle Reihenfolge
- vollständige Sätze
- Satzschlusszeichen
- passende Überschrift

Texte verfassen — Texte planen: Schreibziel klären, Ideen entwickeln, Inhalte strukturieren; Texte schreiben: Wissen über Textsorten anwenden, eine Erzählung schreiben
• SAH, S. 22
• SB, S. 18

Eine Geschichte überarbeiten

① 👁 Lies.

Im Kletterwald

~~Morgen~~

Ich bin mit meiner Klasse am̌im

Kletterwald. Dort setze ich

_____

einen̆auf und lege einen Klettergurt

an. Salome klettert mit mir hinauf.

_____

Wir sind 10̆hoch. Ich schaue

nach unten. Plötzlich rutsche ich ab.

_____

Ich habe großĕ.

Zum Glück tragen mich die Gurte.

_____

Am̆tröstet Salome mich.

② Nehmt die Geschichte in ① unter die Lupe.
   👁 Achtet auf **vollständige Sätze**.

③ Überarbeite die Geschichte in ①.
   ✏ Setze die Wörter ein.

| ~~Morgen~~ | Meter | Helm | Angst | Ende |

Forschen mit Kari und Bu

Wörter mit silbentrennendem h weiterschwingen

— S. 27 ① Schwinge die Wörter. Markiere **h**.

Grundwortschatz		
die Ku**h**	↶	↑
der Schuh	↶	↑
das Reh	↶	↑
der Zeh	↶	↑
sie geht	↶	

Grundwortschatz	
er zieht	↶
sie steht	↶
es blüht	↶
nah	↶
früh	↶

— S. 26 ② Führt ein Rechtschreib-Gespräch.

Reh   zieht   geht   früh

③ Schwinge die Nomen aus ① weiter.

die Kuh – die Kühe

④ Schwinge die Verben aus ① weiter.

sie geht – wir gehen

⑤ Schwinge die Adjektive aus ① weiter.

nah – der nahe Ort   _____ – der _____ Morgen

Grundwortschatz — Rechtschreibstrategien anwenden: Weiterschwingen, Großschreibung; Arbeitstechniken anwenden: Rechtschreibgespräch
• SAH, S. 24
• SB, S. 20

Wörter mit silbentrennendem h weiterschwingen

6 Unterstreiche die Wörter aus ①. Markiere h.

> Micha geht morgens fr**üh** zum Kletterpark.
>
> Neben dem Weg blüht eine rote Pflanze.
>
> Eine Kuh zieht Heu aus einem Ballen.
>
> Ein Reh steht nah am Zaun.
>
> Micha hat ein Loch im Schuh.
>
> O nein! Ein Zeh schaut heraus.

7 Schreibe den Text aus ⑥ als Wendediktat.   S. 28

8 Schreibe passende Wörter aus ①.

 die Ku**h**

sie

er

9 Setze die Wörter ein.

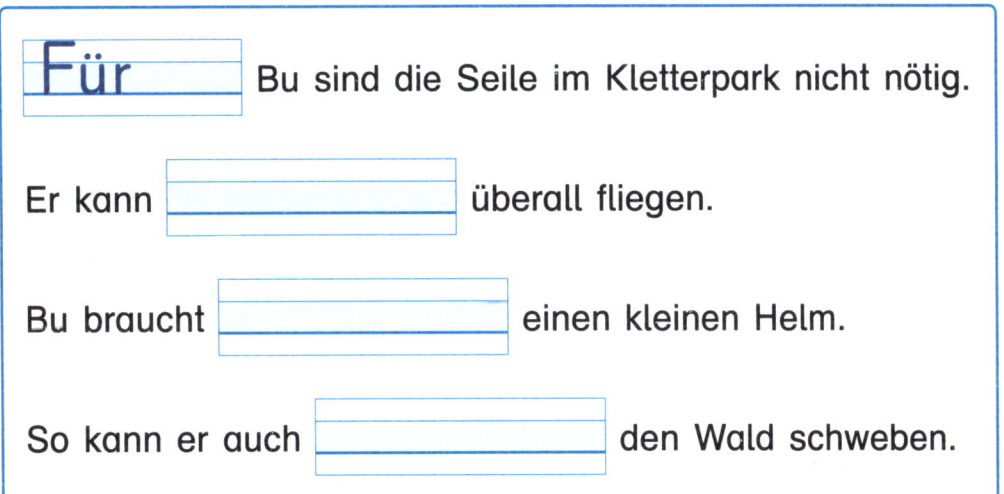

Für	Bu sind die Seile im Kletterpark nicht nötig.	hier
Er kann _____ überall fliegen.	~~für~~
Bu braucht _____ einen kleinen Helm.	durch
So kann er auch _____ den Wald schweben.	nur

Üben mit Kari und Bu

Nomen kennen

① ✎ Unterstreiche nur die Nomen.

| der | GARTEN | LECKER | KAUFT | JUNI | ZAHN |

| die | FRAGT | UNTER | WUT | UHR | ANGST |

| das | GLÜCK | TIER | TUCH | ODER | KLEIN |

② ✎ Schreibe die Nomen aus ① mit Artikel und Schiebewort auf.

der kleine Garten,

Wörter mit vokalisiertem r schreiben

1 ✏ Schreibe die Wörter ab. Markiere r.

~~Farbe~~	starten	Garn	Karte
arbeiten	warten	Park	hart

Fa**r**be,

2 ✏ Schreibe die Nomen. Setze Silbenbögen. Markiere r.

| ~~Kirche~~ | Torte | Gurke | Kirsche | Wurzel | Würfel |

Ki**r**che

3 ✏ Schreibe die Verben. Setze Silbenbögen. Markiere r.

Kari und Bu le**r**nen mit uns.

Wir _____ uns ihre Tipps.

Beim Sport _____ sie mit uns.

| ~~lernen~~ |
| turnen |
| merken |

In der Natur

Gedanken zu einem Thema sammeln

① 👄 Erzähle.

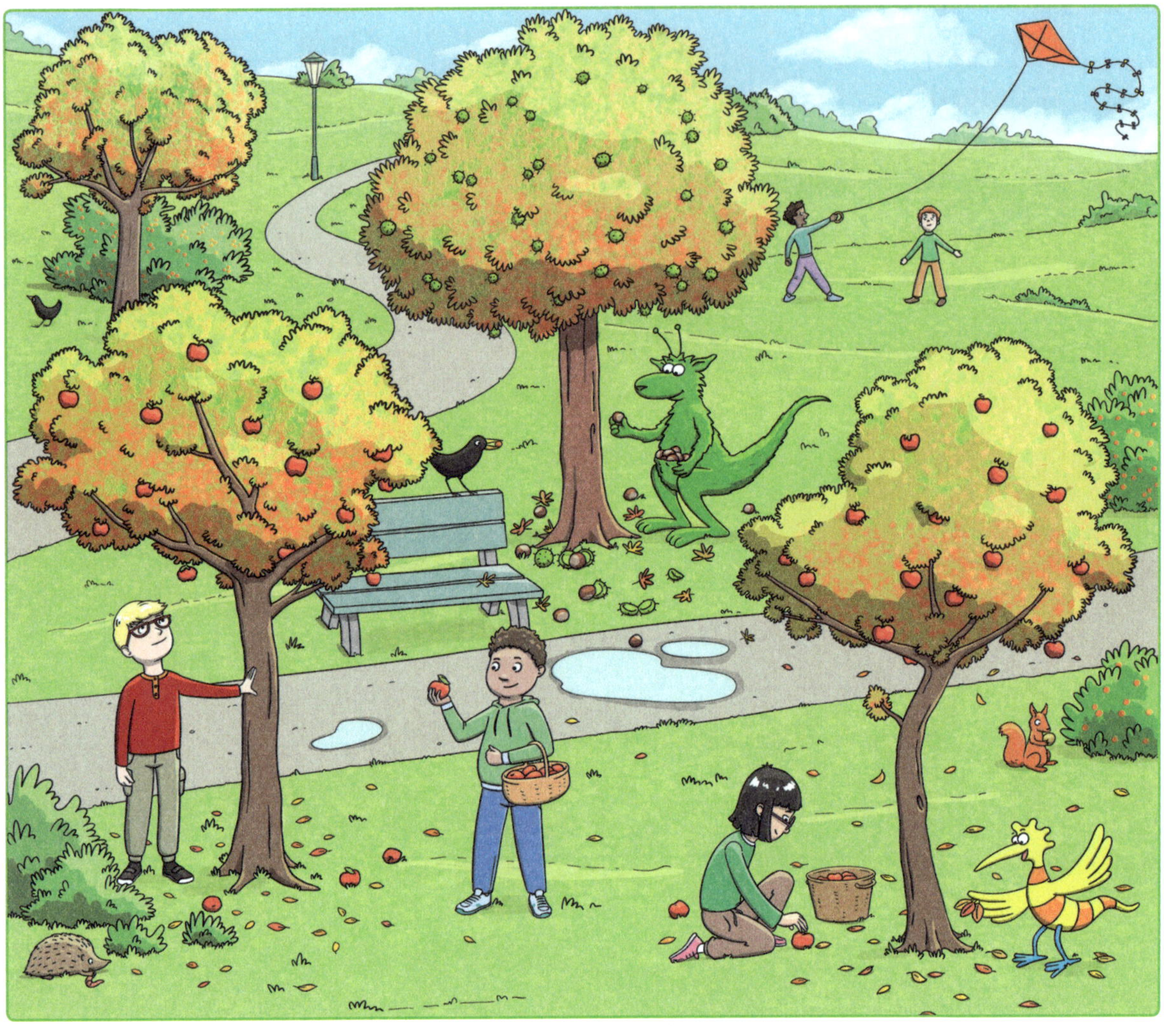

② 👄 Was weißt du über die Natur im Herbst? Erzähle.

③ ✏️ Sammelt eure Gedanken zur Natur im Herbst. 📖 👥

④ ✏️ Stelle deine Gedanken aus ③ vor.

○ 👄 Erzähle.   ○ 👄 Präsentiere.   ○ Stelle aus.

Mit dem roten Faden erzählen

① Erzähle.

② Worauf achtet Ole beim Erzählen nicht? Erzähle.

③ Erzähle in der richtigen Reihenfolge.

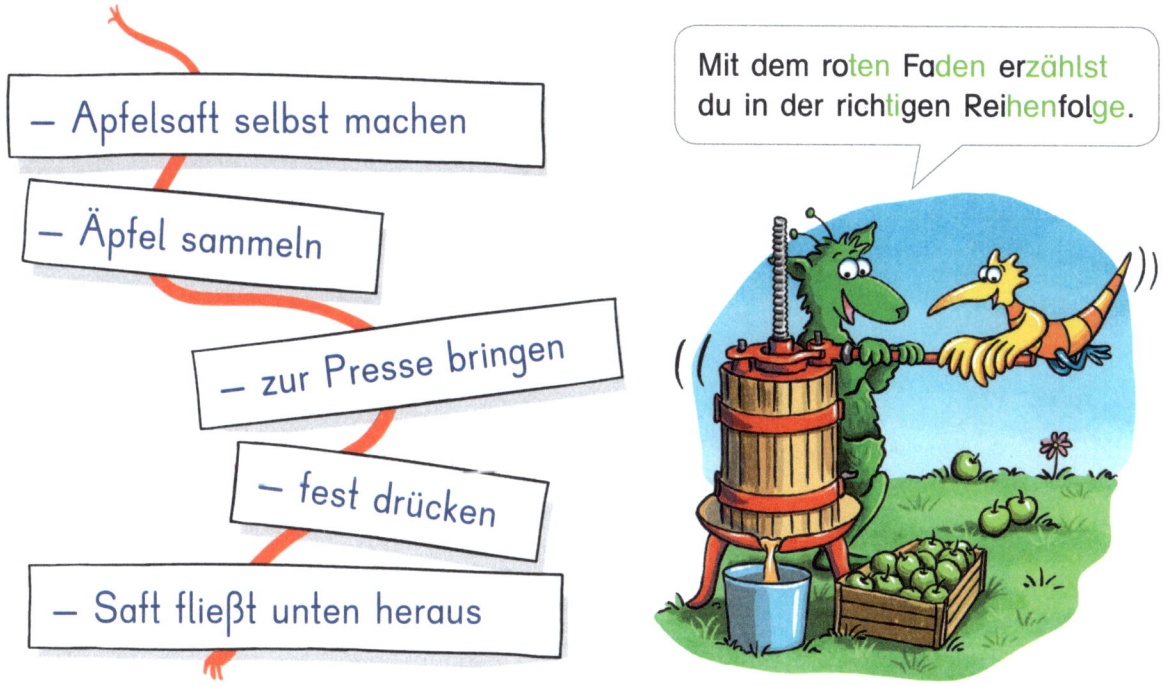

- Apfelsaft selbst machen
- Äpfel sammeln
- zur Presse bringen
- fest drücken
- Saft fließt unten heraus

Mit dem roten Faden erzählst du in der richtigen Reihenfolge.

Rückmeldung geben

① 👄 Erzähle.

- Du hast nur auf dein Blatt geschaut.
- Du hast gezappelt wie ein Hampelmann!
- Du hast viel zu schnell geredet!

② Spielt die Situation aus ①.
👄 Warum ist Ole traurig über die Rückmeldungen? Erklärt. 👥

— S. 24 ③ 👄 Wie gibst du Rückmeldung? Erzähle.

TOP Ich bin höflich und lobe.
  - Ich finde gut, dass du laut geredet hast.

TIPP Ich gebe Tipps zur Verbesserung.
  - Ich gebe dir den Tipp, in der richtigen Reihenfolge zu erzählen.

④ ✏️ Verbinde.

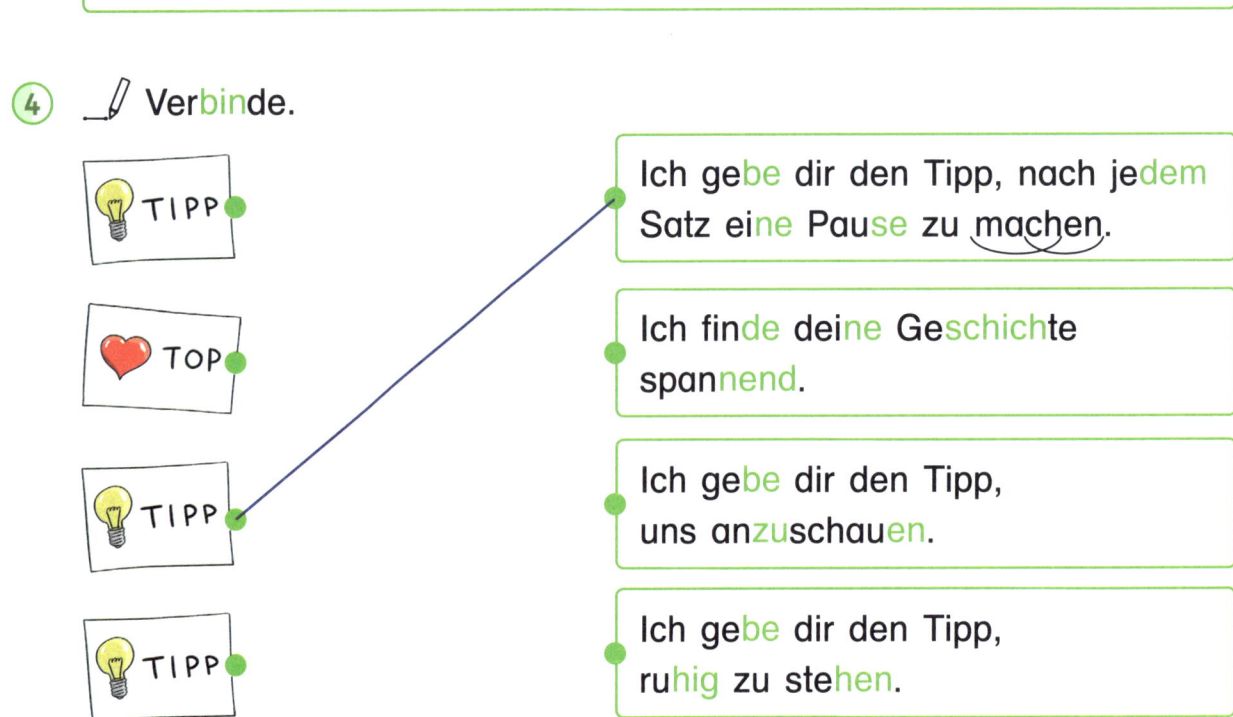

- TIPP — Ich gebe dir den Tipp, nach jedem Satz eine Pause zu machen.
- TOP — Ich finde deine Geschichte spannend.
- TIPP — Ich gebe dir den Tipp, uns anzuschauen.
- TIPP — Ich gebe dir den Tipp, ruhig zu stehen.

Sprechen und Zuhören — mit anderen sprechen: Gesprächsregeln anwenden, wertschätzend Rückmeldung geben • SAH, S. 30 • SB, S. 24

Erzählen und Rückmeldung geben

① 👄 Erzähle.

   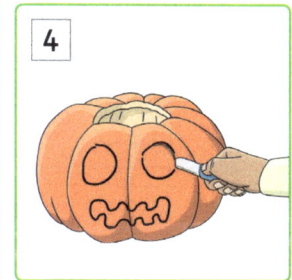

② 👁 ✏ Lies. Ordne den Bildern aus ① zu.

| 1 | - Material auf Tisch legen |

| ☐ | - Augen und Mund schnitzen |

| ☐ | - Augen und Mund auf Kürbis zeichnen |

| ☐ | - Deckel ausschneiden und Kürbis aushöhlen |

③ ✏ Schreibe die Stichworte aus ② in den roten Faden.

| 1 | 2 |
| 3 | 4 |

④ 👄 Wie schnitzt man einen Kürbis? Erzähle mit dem roten Faden aus ③.

⑤ 👄 Gebt euch Rückmeldung. ❤ 💡

Personalpronomen kennen

(1) 👁 👄 Lest die Sätze. Was verändert sich? Erzählt. 💬

| Marco füttert die Hirsche. | Er füttert die Hirsche. |
| Marco und Nele pflegen die Tiere. | Sie pflegen die Tiere. |

Das sind Personalpronomen:
ich, du, er/sie/es (Einzahl),   wir, ihr, sie (Mehrzahl)
Nomen können durch **Personalpronomen** ersetzt werden.

Marco füttert die Hirsche.   Er füttert die Hirsche.

(2) ✏ Unterstreiche die Personalpronomen.

Die Tierpflegerin säubert das Gehege.	Sie säubert das Gehege.
Der Tierpfleger füttert die Rehe.	Er füttert die Rehe.
Das Schwein wälzt sich.	Es wälzt sich.
Der Greifvogel kreischt laut.	Er kreischt laut.
Das Mädchen macht Fotos.	Es macht Fotos.

Die Kinder beobachten die Tiere.	Sie beobachten die Tiere.
Ina und ich bestaunen die Lamas.	Wir bestaunen die Lamas.
Die Rehe leben im Wald.	Sie leben im Wald.
Ole und ich stehen am Zaun.	Wir stehen am Zaun.

Personalpronomen kennen

1 ✏ Ersetze die markierten Wörter durch Personalpronomen.

| ~~Sie~~ | Sie | Er | Es |

Marco und Nele pflegen Tiere.   **Sie** pflegen Tiere.

Marco geht zu den Hirschen.   ____ geht zu den Hirschen.

Nele säubert ein Gehege.   ____ säubert ein Gehege.

Das Futter steht im Schuppen.   ____ steht im Schuppen.

2 ✏ Ersetze die markierten Wörter durch Personalpronomen.

| Sie | Sie | Er | Es | Es | Es | Es |

Die Kinder holen das Pony.   ____ gehen zur Wiese.

Nele gibt dem Pony Futter.   ____ hält die Hand flach.

Ein Junge streichelt das Pony.   ____ krault sein Fell.

Ein Kind macht Fotos.   ____ mag Ponys sehr gern.

Das Pony wiehert laut.   ____ begrüßt ein anderes Pony.

Die Ponys springen und laufen.   ____ lieben die Wiese.

Ein Tier frisst.   ____ mag Löwenzahn.

Regelmäßige Verben im Präsens bilden

1 ✏ Setze die Endungen ein.

Einzahl oder Mehrzahl: **sie** oder **sie**?

Ich such**e** Pilze im Wald.

Du such___ Tannenzapfen.

Sie such___ Kastanien im Park.

Wir such___ bunte Blätter.

Ihr such___ Eicheln und Bucheckern.

Sie such___ Material für eine Ausstellung.

2 ✏ Markiere in ① das Personalpronomen und die Endung des Verbs.

Präsens ist die **Gegenwartsform** von Verben.
Verben haben **Personalformen**.
Die Personalform richtet sich danach, **wer** etwas tut.
Personalformen: ich such**e**, du such**st**, er / sie / es such**t**,
wir such**en**, ihr such**t**, sie such**en**

3 ✏ Schreibe die Verben in der Ich-Form und Er-Form.

pfleg**en**	ich pfleg**e**	er pfleg**t**
hol**en**		
ruf**en**		
leb**en**		

Sprache untersuchen — sprachliche Strukturen kennen und anwenden: Personalformen von Verben (regelmäßig) kennen und anwenden, Präsens kennen; Möglichkeiten der Wortbildung nutzen (Wortbausteine)
• SAH, S. 34
• SB, S. 27

Regelmäßige Verben im Präsens bilden

1. Schreibe die Verben in den Personalformen.
Markiere die Endung.

	leg**en**	flieg**en**	trink**en**
ich	leg**e**		
du		flieg**st**	
er			trink**t**
wir			
ihr			
sie			

	sag**en**	riech**en**	denk**en**
ich			
du	sag**st**		
es			
wir			
ihr		riech**t**	
sie			denk**en**

Unregelmäßige Verben im Präsens bilden

① Erzähle.

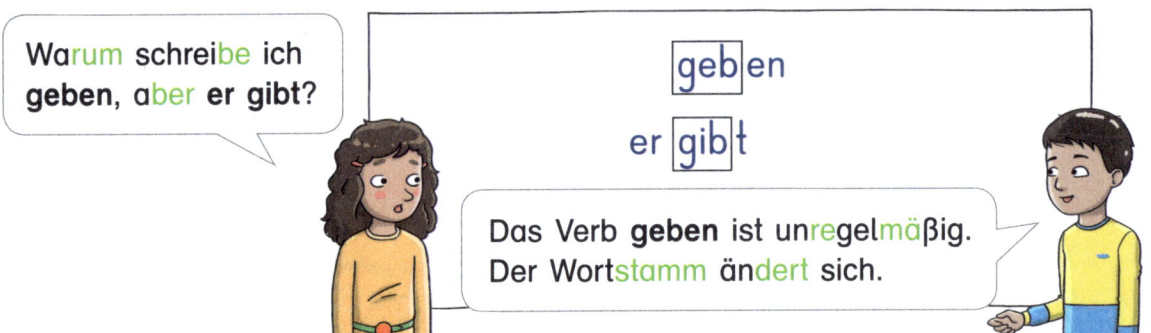

Bei unregelmäßigen Verben kann sich der Wortstamm ändern.
geben: ich gebe, du gibst, er/sie/es gibt, wir geben, ihr gebt, sie geben

② Verbinde.

| wissen | nehmen | sehen | fressen |
| er nimmt | sie weiß | er frisst | es sieht |

③ Verbinde. Schreibe die Verbformen.

| tragen | helfen | fangen | laufen | raten | lesen |
| er fängt | er trägt | er hilft | er rät | er liest | er läuft |

tragen – er trägt,

Unregelmäßige Verben im Präsens bilden

1 Lies das Gedicht.
Schreibe die Personalformen von **sein**.

Das Verb **sein**

ist wirklich gemein.

Es heißt:

ich bin, du bist, er ist.

Das ist doch Mist!

Wir sind, ihr seid, sie sind,

das lernen wir geschwind!

sein

ich	bin
du	
er, sie, es	
wir	
ihr	
sie	

2 Schreibe die Verben in den Personalformen.

	haben	laufen	sehen
ich	habe		
du	hast	läufst	siehst
er			
wir			
ihr			
sie			

Wortbausteine von Verben kennen

1 Markiere die vorangestellten Wortbausteine.

| [weg]laufen | ablaufen | vorlaufen | verlaufen | anlaufen |

2 Was bedeuten die Verben aus ①? Erklärt.

3 Bilde mit den vorangestellten Wortbausteinen Verben.

ver / weg / vor / ab → fahr – en

[ver]fahren
_____
_____
_____
_____

wegfliegen – Ich fliege [weg].

4 Setze die Verben ein.

[weg]fliegen: Die Vögel **fliegen** schnell **weg**.

auftauchen: Die Ente _____ schnell _____.

antraben: Das Pferd _____ plötzlich _____.

nachlaufen: Die Schafe _____ dem Hund _____.

einfangen: Ich _____ das Kaninchen _____.

ausbessern: Du _____ den Zaun _____.

Sprache untersuchen — sprachliche Strukturen kennen und anwenden: Vorsilben kennen; Möglichkeiten der Wortbildung nutzen (Vorsilben)
- SAH, S. 38
- SB, S. 29
- Das kann ich, S. 6

Wörter weiterschwingen

①  Erzähle.

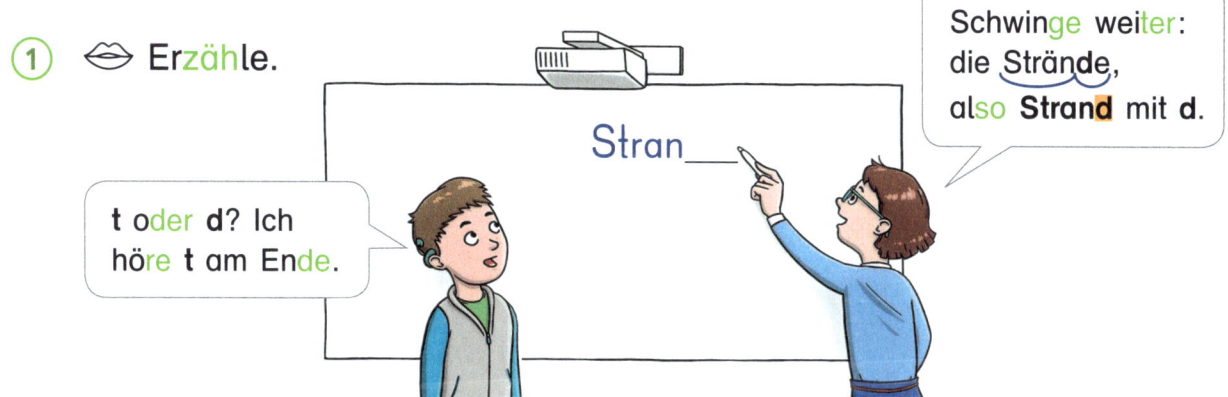

② Schwinge die Nomen weiter.

der Strand	die Strände	der Stab	
der Wald		der Korb	
der Brand		der Zug	

③ Schwinge die Verben weiter.

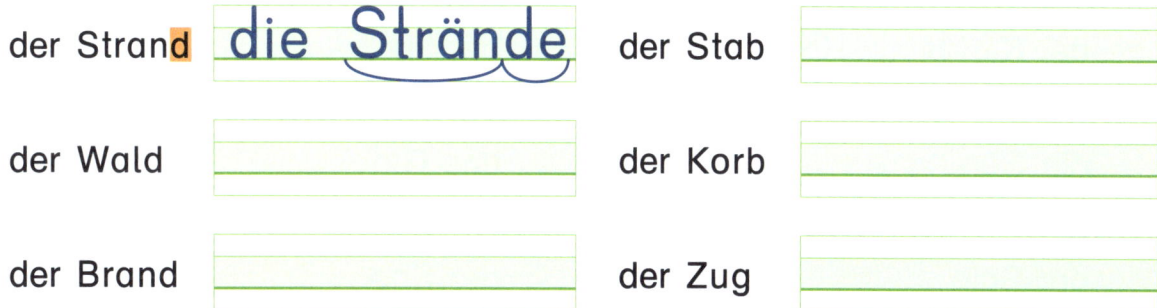

es le**b**t (p/b)	wir leben	es fe__t (k/g)	
er kle__t (p/b)		er pfle__t (k/g)	
sie hu__t (p/b)		sie win__t (k/g)	

④ Schwinge die Adjektive weiter.

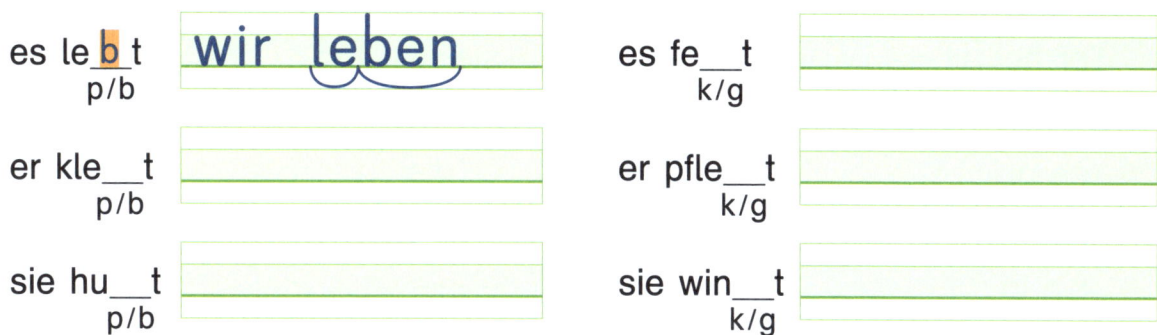

frem**d** (t/d) – das	fremde	Tier	lie__ (p/b) – das		Kind
run__ (t/d) – der		Ball	tau__ (p/b) – die		Spinne
wil__ (t/d) – der		Hund	gel__ (p/b) – die		Zitrone

Richtig schreiben

Wörter mit ß und s weiterschwingen

① Erzähle.

ß oder s?

gro___

Schwinge weiter: der große Bär, also groß mit ß.

② ß oder s? Schwinge die Nomen weiter.

der Kloß — die Klöße   der Fu__ _____
die Gan__ _____ das Gla__ _____
der Spie__ _____ der Spa__ _____

③ ß oder s? Schwinge die Verben weiter.

er heißt — wir heißen   sie ra__t _____
es grü__t _____   er gie__t _____
sie lo__t _____   er nie__t _____
sie schie__t _____ es flie__t _____

④ ß oder s? Schwinge die Adjektive weiter.

heiß – der heiße Tee   wei__ – der _____ Schnee
sü__ – der _____ Kakao fie__ – die _____ Mücke

Wörter mit ß und s weiterschwingen

① ✏ Verbinde.

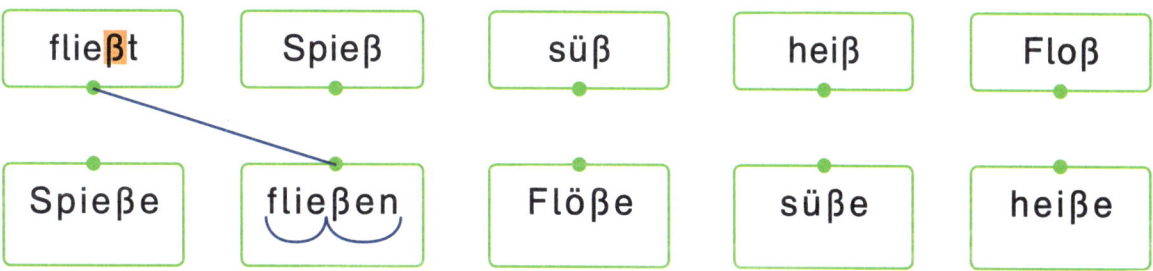

② 🐦 ✏ ß oder s? Schwinge die Verben weiter.

Faruk gieß_t die Blumen.	wir gießen
Salome schlie__t die Tür.	
Ali rei__t zu seinen Großeltern.	
Ole rei__t Papier in Stücke.	
Der Hund bei__t in einen Ast.	
Der Lehrer grü__t uns.	
Lola nie__t laut.	

③ ✏ ß oder s? Schreibe die Nomen.

Spieß — F

M — St

F — K

Ein Rezept planen und schreiben

1 Erzähle.

2 Lies das Rezept. Ordne den Bildern aus 1 zu.

> Rezept für Apfelmus
> Zutaten: 5 Äpfel, 100ml Wasser
> Material: Messer, Schneidebrett, Topf, Kochlöffel
>
> ☐ **Jetzt** gebe ich die Apfelstücke mit Wasser in den Topf.
>
> 1 **Zuerst** stelle ich alle Zutaten auf den Tisch.
>
> ☐ **Zum Schluss** koche ich alles 15 Minuten und rühre dabei um.
>
> ☐ **Danach** schäle ich die Äpfel und schneide sie klein.

3 Setze die Satzanfänge aus 2 ein.

Zuerst stelle ich alle Zutaten auf den Tisch.

_____ schäle ich die Äpfel und schneide sie klein.

_____ gebe ich die Apfelstücke mit Wasser in den Topf.

_____ koche ich alles 15 Minuten.

Checkliste Rezept
– passende Überschrift
– Zutaten und Material
– sinnvolle Reihenfolge
– verschiedene Satzanfänge
– Arbeitsschritte genau beschreiben

Texte verfassen

Texte planen: Textmuster erschließen (Rezept), Textfunktion klären; Texte schreiben: Rezept nach Mustern schreiben;

• SAH, S. 42
• SB, S. 32

Ein Rezept überarbeiten

① Erzähle.

② Lies das Rezept. Was fällt dir auf? Erzähle.

> Rezept für Apfelchips
> Zutaten: 2 Äpfel
> Material: Messer, Schneidebrett, Backpapier, Backblech, Holzlöffel
>
> _Zuerst_
> ~~Nun~~ schneide ich die Äpfel in dünne Scheiben.
>
> _____
> **Dann** lege ich die Scheiben auf ein Backblech mit Backpapier.
>
> _____
> **Dann** trockne ich die Scheiben bei 80 Grad für 4 Stunden im Ofen.
>
> Dabei klemme ich einen Holzlöffel in die Ofentür.
>
> _____
> **Dann** lasse ich die Apfelchips abkühlen.

③ Nehmt das Rezept in ② unter die Lupe.
   Achtet auf die **Satzanfänge**.

   Dann, dann, dann …

④ Überarbeite das Rezept in ②.
   Setze passende Satzanfänge ein.

| Nun | Anschließend | ~~Zuerst~~ | Zum Schluss |

Forschen mit Kari und Bu

Wörter mit ß und s weiterschwingen

S. 27 **1** Schwinge die Wörter. Markiere **ß** und **s**.

🔒 Grundwortschatz			🔒 Grundwortschatz	
der Spaß	↪ ⬆		er beißt	↪
der Fuß	↪ ⬆		sie gießt	↪
der Gruß	↪ ⬆		er heißt	↪
der Strauß	↪ ⬆		es fließt	↪
das Gras	↪ ⬆		sie liest	↪

S. 26 **2** Führt ein Rechtschreib-Gespräch.

| Gruß | Gras | gießt | liest |

3 Schwinge die Nomen aus ① weiter.

der Spaß – die Späße

4 Schwinge die Verben aus ① weiter.

er beißt – wir beißen

Grundwortschatz — Rechtschreibstrategien anwenden: Weiterschwingen, Großschreibung; Arbeitstechniken anwenden: Rechtschreibgespräch
• SAH, S. 44
• SB, S. 34

Wörter mit ß und s weiterschwingen

5 Unterstreiche die Wörter aus 1. Markiere ß und s.

> Kari und Bu machen oft Spaß.
>
> Sie erfinden: Saft fließt aus Gras.
>
> Kari beißt in Zitronen und hebt den Fuß.
>
> Ein reifer Apfel heißt Melone.
>
> Bu gießt Wasser über einen Strauß.
>
> Kari liest quakend einen Gruß.

6 Schreibe den Text aus 5 als Wendediktat.

S. 28

7 Schreibe passende Wörter aus 1.

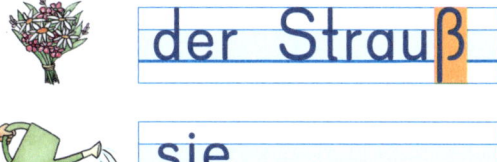
der Strauß

sie

er

8 Setze die Wörter ein.

Bu hat schon **bald** Geburtstag.	endlich
Kari fragt ihn, _____ er sich etwas wünscht.	ob
Bu ist _____ sehr aufgeregt.	~~bald~~
Bu möchte _____ wissen, was er bekommt.	deshalb

• SAH, S. 45
• SB, S. 34

Rechtschreibstrategien anwenden: Weiterschwingen, Großschreibung; rechtschriftliche Kenntnisse anwenden: Funktionswörter schreiben

Grundwortschatz

Üben mit Kari und Bu

Unregelmäßige Verben im Präsens bilden

① Verbinde. Schreibe die Verbformen.

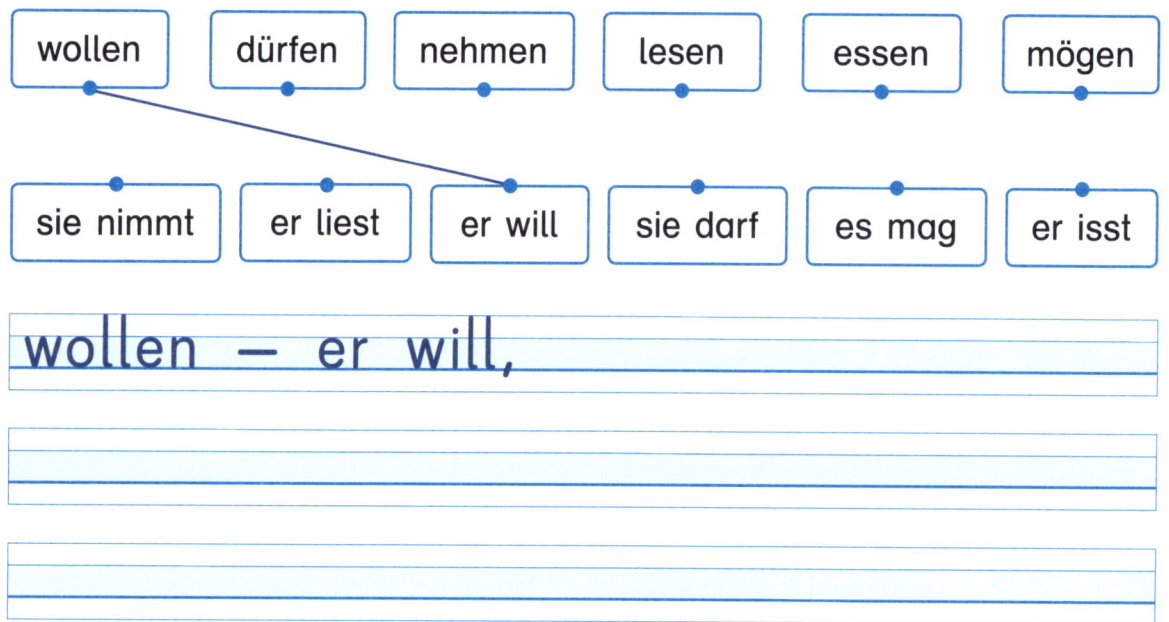

wollen – er will,

— S. 29 ② Schreibe die Verben in den Personalformen.

	lesen	dürfen	nehmen
ich			
du	liest	darfst	nimmst
er			
wir			
ihr	lest		nehmt
sie			

Wörter weiterschwingen

1 Schwinge die Nomen weiter.

das Lan**d** — die Länder
    t/d

das Kal__
    p/b

das Fel__
    t/d

das Sie__
    p/b

der Ran__
    t/d

der Zwei__
    k/g

2 Schwinge die Verben weiter.

Salome lie**b**t ihre Katze. — wir lieben
    p/b

Das Tier lie__t gerne vor dem Fenster.
    k/g

Die Katze le__t sich auch vor die Tür.
    k/g

Salome he__t sie auf den Arm.
    p/b

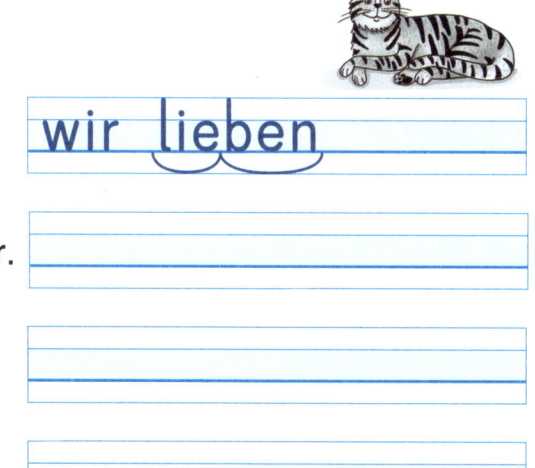

3 Schwinge die Adjektive weiter.

gro**b** – die grobe Reibe
  p/b

gel__ – die ___ Blume
  p/b

gesun__ – der ___ Apfel
  t/d

wil__ – der ___ Löwe
  t/d

schrä__ – das ___ Dach
  k/g

klu__ – der ___ Hund
  k/g

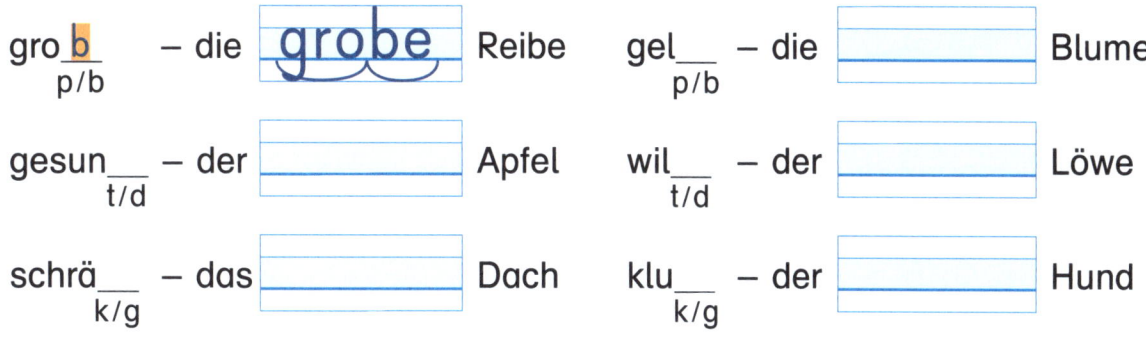

- SAH, S. 47
- SB, S. 35
- Das kann ich, S. 7

Inhalte des Kapitels wiederholen, eigenen Lernstand reflektieren

Wiederholung
Richtig schreiben

S. 25

47

Gemeinsam leben

Gespräche führen

① 👄 Erzähle.

> Karten sammeln finde ich langweilig.

> Mist, genau diese Karte fehlt mir noch.

> Du hast aber eine tolle Karte.

② Was **sagen** die Kinder? Was **denken** die Kinder?
👄 Erzählt. 👥

③ Hast du eine Situation wie in ① schon einmal erlebt?
👄 Erzähle.

④ Die Kinder aus ① sollen sagen, was sie denken, ohne zu verletzen. Spielt die Situation. 👥

Sprechen und Zuhören

zu anderen sprechen: erzählen; mit anderen sprechen: über Gefühle sprechen, auf andere eingehen; vor anderen sprechen: szenisch spielen; verstehend zuhören: Hörtexte erfassen

- SAH, S. 48
- SB, S. 36

Respektvoll miteinander sprechen

1 👁 Lies.

> Lara und Cleo sind Freundinnen.
>
> Sie treffen sich bei Cleo.
>
> Remo klingelt. Er möchte mitspielen.
>
> Cleo sagt: „Jetzt können wir zu dritt spielen."
>
> Lara ist sauer. Sie will mit Cleo allein spielen.
>
> Lara schreit: „Cleo, du bist gemein!
>
> Nie spielst du nur mit mir.
>
> Du magst Remo lieber als mich."

2 👄 Wie fühlen sich Lara, Cleo und Remo in ①? Erklärt. 💬

3 👁 👄 Vergleicht **Du**-Botschaft und **Ich**-Botschaft. 👥

> **Du** magst Remo lieber als mich.

> **Ich** habe das Gefühl, du magst Remo lieber.

Ich-Botschaft
Ich sage meine Meinung,
ohne zu verletzen.
Ich beschreibe, wie ich mich fühle.

4 ✏ Kreuze die **Ich**-Botschaften an.

- ○ **Ich** möchte gern mit dir allein spielen.
- ○ **Du** bist gemein!
- ○ **Ich** bin traurig, weil du mit Remo spielst.
- ○ **Ich** mag es nicht, wenn wir zu dritt spielen.

Über Lösungen sprechen

1. 👄 Wie fühlen sich die Kinder? Beschreibe.

2. Samara möchte sich entschuldigen.
   👄 Was kann sie sagen? Nutzt Ich-Botschaften. 💬

3. Spielt eure Entschuldigung aus ② vor. 👥

4. ✏ Schreibe einen Entschuldigungsbrief von Samara an Ole.
   ✏ Kreuze passend an. Schreibe ab. 📖 *Lieber Ole,*

   ○ es tut mir leid, dass ich dich geschubst habe.

   ○ Ich entschuldige mich bei dir.

   ○ Du hast echt blöd gespielt.

5. 👄 Beschreibt den Unterschied zwischen einer mündlichen Entschuldigung und einem Brief. 👥

    Wenn ich schreibe, habe ich mehr Zeit zum Nachdenken.

    Wenn ich spreche, geht es schneller. Wir können miteinander reden.

6. 👄 Hast du eine Situation wie in ① schon einmal erlebt? Erzähle.

Sprechen und Zuhören

mit anderen sprechen: über Gefühle sprechen, Konflikte lösen; vor anderen sprechen: szenisch spielen; Unterschiede gesprochener und geschriebener Sprache kennen

• SAH, S. 50
• SB, S. 38

Eine Streitschlichtung vorbereiten

1 👁 👄 Lies und erzähle. Achte auf die Körperhaltung und auf die Gesichter.

2 👄 Sara und Adin gehen zur Streitschlichtung. Erzähle.

| 1 Saras Sicht | 2 Adins Sicht |

| 3 Lösungsvorschläge | 4 Lösung |

3 Spielt die Streitschlichtung zu dem Streit aus ①.

Perfekt kennen

1 ✏️ 👄 Unterstreiche die Verben. Was fällt dir auf?

Opa, was habt ihr früher gemacht?

Wir **haben** immer draußen **gespielt**.
Wir **sind** oft Fahrrad **gefahren**.
Wir **haben** kein Fernsehen **geschaut**.
Wir **sind** zu den Freunden **gelaufen**.
Wir **haben** Kassetten **gehört**.

Das **Perfekt** ist eine **Vergangenheitsform**.
Perfekt verwendest du, wenn etwas **vorbei** ist.
Es wird mit den Hilfsverben **haben** oder **sein** gebildet.
Wir haben gespielt. Wir sind gefahren.

2 ✏️ Schreibe die Verbformen.

| hat   haben   habt   hast   haben | bin   bist   sind   ist   seid   sind |

haben   **sein**

ich habe   ich
du   du
er   sie
wir   wir
ihr   ihr
sie   sie

Sprache untersuchen — sprachliche Strukturen kennen und anwenden: Perfekt kennen
• SAH, S. 52
• SB, S. 40

Perfekt bilden

(1) Schreibe die Verben im Perfekt.

laufen

ich	bin	gelaufen
du	bist	
es	ist	
wir	sind	
ihr	seid	
sie	sind	

hüpfen

ich	bin	gehüpft
du		
er		
wir		
ihr		
sie		

lachen

ich	habe	gelacht
du		
er		
wir		
ihr		
sie		

sehen

ich	habe	gesehen
du		
er		
wir		
ihr		
sie		

(2) Markiere in (1) die Vorsilbe ge.

Im Perfekt haben die meisten Verben die Vorsilbe ge.

- SAH, S. 53
- SB, S. 41

sprachliche Strukturen kennen und anwenden: Perfekt kennen und bilden

Sprache untersuchen

Perfekt bilden

1 Vergleicht die Verben. Was fällt euch auf? Erzählt.

Wir spielen draußen.

Wir haben draußen gespielt.

Verben können in verschiedenen **Zeitformen** stehen.
Präsens (Gegenwart) nutzt du,
wenn etwas **jetzt** oder **immer** passiert: Wir spielen.
Perfekt (Vergangenheit) nutzt du,
wenn etwas **vorbei** ist: Wir haben gespielt.

2 Unterstreiche die Verbformen. Male an: Präsens oder Perfekt.

- Mama hat Tee gekocht. — Mama kocht Tee.
- Du malst ein Bild. — Du hast ein Bild gemalt.
- Er hat im Sand gespielt. — Er spielt im Sand.

3 Kreise ein. Schreibe die Paare auf. ich höre – ich habe gehört,

| ich höre | ich kaufe | ich sehe |
| ich habe gehört | ich habe gesehen | ich habe gekauft |

4 Kreise ein. Schreibe die Paare auf.

| ich fahre | ich rolle | ich falle |
| ich bin gerollt | ich bin gefallen | ich bin gefahren |

Sprache untersuchen — sprachliche Strukturen kennen und anwenden: Perfekt kennen und bilden

Perfekt bilden

1 👄 Erzähle.

gehen – ich bin gegangen

Bei unregelmäßigen Verben hilft die Wörterliste.

2 ✏ Setze die Verben im Perfekt mit **haben** ein. 📖

trinken	Oma _hat_ gestern Tee _getrunken_ .
schreiben	Lisa _____ einen Brief _____.
finden	Ich _____ einen Ball _____.

S. 29

3 ✏ Setze die Verben im Perfekt mit **sein** ein. 📖

schwimmen	Ich _bin_ im Meer _____.
fliegen	Ich _____ in einem Flugzeug _____.
rennen	Tim _____ schnell _____.

S. 29

4 ✏ Schreibe die Sätze im Perfekt. 📖

Ich gehe zu meiner Tante.

Ich bin _____

Sie kocht Eier zum Frühstück.

Wir schneiden Obst.

S. 29

Wörter mit Doppelkonsonanten mitsprechen

1) Erkläre.

Die erste Silbe ist geschlossen: **schwimmen**, **Sommer**.

m oder mm?

schwi___en
So___er

Steht am Ende der Silbe ein Konsonant, ist die **Silbe geschlossen**.
Hörst du nur einen Konsonanten, verdoppelst du ihn: schwimmen.
Der **Vokal** klingt **kurz**.

2) Setze Silbenbögen. Markiere den Vokal in der ersten Silbe.

| malen knallen | Ketten kneten | Flosse Lose |

3) Ordne die Wörter aus 2.

erste Silbe **offen**:   malen

erste Silbe **geschlossen**:

4) Schreibe die Wörter. Prüfe mit Silbenbögen.

Wippe   T_____

T_____   L_____

wir sch_____   wir r_____

Richtig schreiben — rechtschriftliche Kenntnisse anwenden: Wörter mit Doppelkonsonanz schreiben; Rechtschreibstrategien anwenden: Mitsprechen
• SAH, S. 56
• SB, S. 42

Wörter mit ck und tz mitsprechen

1. Setze Silbenbögen. Markiere den Vokal in der ersten Silbe.

   | heizen hetzen | pieken picken | spuken spucken |

2. Ordne die Wörter aus ①.

   erste Silbe **offen**: heizen ____ ____ ____

   erste Silbe **geschlossen**: ____ ____ ____

3. Schreibe die Verben. Prüfe mit Silbenbögen.

   Du hörst **kk**, du schreibst **ck**.   Du hörst **zz**, du schreibst **tz**.

   picken   sch
   b   p
   l   k

4. Schreibe die Nomen. Prüfe mit Silbenbögen.

   Wecker   M
   Sch   K
   J   Sp
   S   A

Wörter mit Doppelkonsonanten weiterschwingen

① 👄 Erkläre.

② ✏️ Schwinge die Nomen weiter.

		Wort
Fa__ss__ (s/ss)	die Fässer	das Fass
Flu___ (s/ss)		
Ba___ (l/ll)		
Be___ (t/tt)		

③ ✏️ Schwinge die Verben weiter.

er ro__ll__t (l/ll) **wir rollen**   sie ko____t (m/mm) _____

sie kna____t (l/ll) _____   er ho____t (f/ff) _____

④ ✏️ Schwinge die Adjektive weiter.

dü__nn__ (n/nn) – das **dünne** Seil   stil___ (l/ll) – der _____ Wurm

vo___ (l/ll) – das _____ Glas   kru____ (m/mm) – der _____ Nagel

Richtig schreiben — rechtschriftliche Kenntnisse anwenden: Wörter mit Doppelkonsonanz schreiben; Rechtschreibstrategien anwenden: Weiterschwingen
• SAH, S. 58
• SB, S. 43

Wörter mit ck weiterschwingen

1) Erkläre.

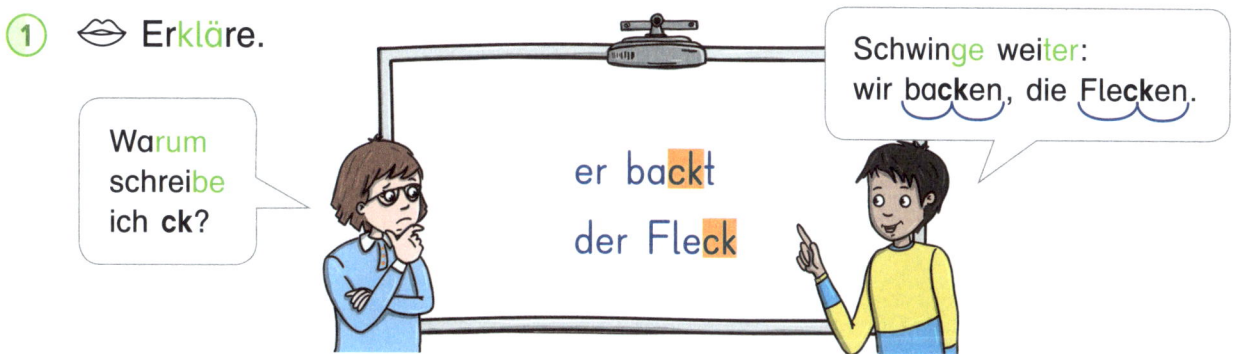

2) Schwinge die Nomen weiter.

k oder ck?		Wort
Fle_ck_	die Flecken	der Fleck
Sto___		
Ro___		
Sa___		

3) Schwinge die Verben weiter.

er backt	wir backen	sie weckt	
es knackt		er packt	
sie nickt		es steckt	
es juckt		sie hockt	
es zuckt		sie schickt	

• SAH, S. 59
• SB, S. 44

rechtschriftliche Kenntnisse anwenden: Wörter mit ck schreiben;
Rechtschreibstrategien anwenden: Weiterschwingen

Richtig schreiben

59

Wörter mit tz weiterschwingen

1 Erkläre.

2 Schwinge die Nomen weiter.

z oder tz?		Wort
Spa**tz**	die Spatzen	der Spatz
Ne__		
Bli__		
Scha__		

3 Schwinge die Verben weiter.

er schü**tz**t	wir schützen	sie kratzt	
er schnitzt		es sitzt	
sie blitzt		es platzt	
es schwitzt		sie spritzt	

Richtig schreiben — rechtschriftliche Kenntnisse anwenden: Wörter mit tz schreiben; Rechtschreibstrategien anwenden: Weiterschwingen
- SAH, S. 60
- SB, S. 44
- Das kann ich, S. 9

Merkwörter mit Dehnungs-h schreiben

① Was hört ihr? Was seht ihr?
   Markiert h. Was fällt euch auf?

   Du kannst das h nicht hören.

   | fahren | fühlen | nehmen | bohren | fehlen | führen | dehnen |

② Schlage die Nomen nach. Markiere h.

   Hahn, S. 7

③ Markiere die Wortstämme jeder Wortfamilie farbig.

   Ehrung   wählen   verehren   Zahl   wählerisch
   Vorwahl   ehrlich   zählen   bezahlen   Ehrenwort
   aufzählen   Wahl   ehren   verwählen   Zahlenstrahl

④ Setze die Wörter ein.

   Oma hat Besuch. Ihre _____ Enkel sind da.   ihn
   Tim richtet _____ Grüße von Mama aus.   ihr
   Oma drückt _____ ganz fest.   ~~ihre~~
   Mia hat _____ Oma etwas gebastelt.   ihrer

Einen Brief planen und schreiben

① 👁 👄 Lies und erzähle.

> Blumenstadt, 25.11.2025
>
> Liebe Carlotta,
> ich heiße Pauline und möchte deine Brieffreundin werden.
> Ich wohne in Blumenstadt und gehe in die 3. Klasse.
> Mein Lieblingsfach ist Deutsch.
> Was ist dein Lieblingsfach? Ich lese sehr gern.
> Ich freue mich auf einen Brief oder
> eine E-Mail an pauline@bukow.de.
>
> Viele Grüße
> deine Pauline

Pauline Bukow
Ahornweg 1
62190 Blumenstadt

Carlotta Mayer
Berggasse 17
90304 Talstadt

Checkliste Brief
Ort
Datum
Anrede
einleitender Satz
Schlusssatz
Gruß
Name

② 👁 Lies Karis Checkliste.
✏ Unterstreiche die Merkmale in Paulines Brief. △

③ ✏ Schreibe deine eigene Adresse.

Vorname	Nachname
Straße	Hausnummer
Postleitzahl	Ort

Texte verfassen — Texte planen: Schreibabsicht und Schreibsituation klären, Textmuster erschließen (Brief) — • SAH, S. 62 • SB, S. 46

Eine E-Mail überarbeiten

① Lies

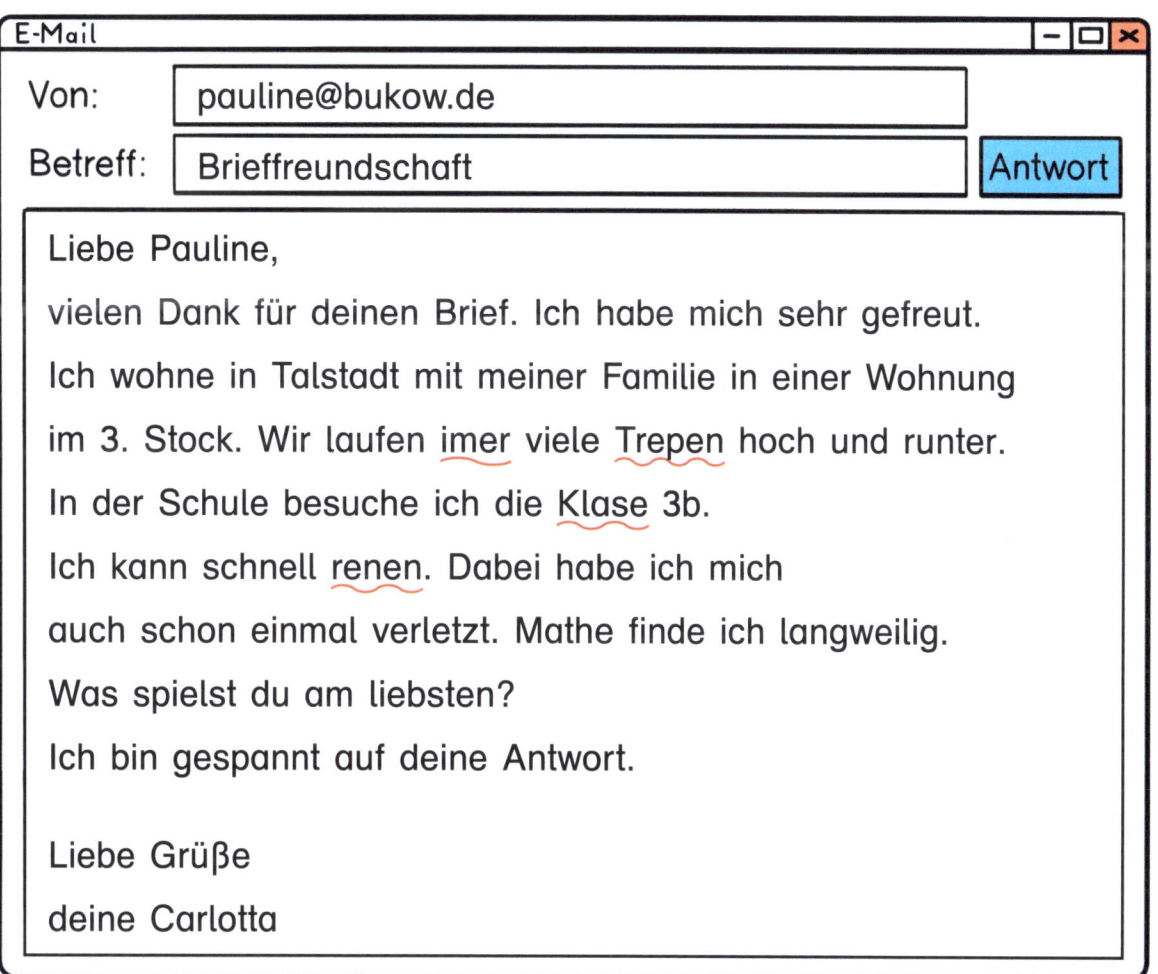

E-Mail

Von: pauline@bukow.de
Betreff: Brieffreundschaft

Antwort

Liebe Pauline,

vielen Dank für deinen Brief. Ich habe mich sehr gefreut.

Ich wohne in Talstadt mit meiner Familie in einer Wohnung

im 3. Stock. Wir laufen imer viele Trepen hoch und runter.

In der Schule besuche ich die Klase 3b.

Ich kann schnell renen. Dabei habe ich mich

auch schon einmal verletzt. Mathe finde ich langweilig.

Was spielst du am liebsten?

Ich bin gespannt auf deine Antwort.

Liebe Grüße

deine Carlotta

② Nehmt die E-Mail in ① unter die Lupe.
Führt ein Rechtschreib-Gespräch.

S. 23
S. 26

③ Schreibe die Wörter aus ① richtig auf.
Setze Silbenbögen. Markiere den Vokal in der ersten Silbe.

immer

④ Schreibe den Text aus ① richtig in dein Heft.

• SAH, S. 63
• SB, S. 47

Texte überarbeiten: Kriterien für die Überarbeitung nutzen; Arbeitstechniken anwenden: Texte auf Richtigkeit überprüfen (Textlupen); digitale Rechtschreibhilfen nutzen

Texte verfassen

Forschen mit Kari und Bu

Merkwörter mit Dehnungs-h schreiben

S. 27 ① Lies die Wörter laut. Was hörst du? Was siehst du? Markiere h.

Grundwortschatz				Grundwortschatz	
die Zahl	M ↑		der Zahn	M ↑
das Jahr	M ↑		rühren	M
die Höhle	M ↑		wohnen	M
das Ohr	M ↑		fahren	M
die Uhr	M ↑		fühlen	M

S. 26 ② Führt ein Rechtschreib-Gespräch.

Höhle   Jahr   wohnen   fühlen

③ Setze die Verben ein.

Kari und Bu **rühren** einen Kuchenteig.

Sie _____ mit dem Kuchen in den Urlaub.

Unterwegs _____ sie in einer Höhle.

Dort _____ sie sich wohl.

wohnen
~~rühren~~
fahren
fühlen

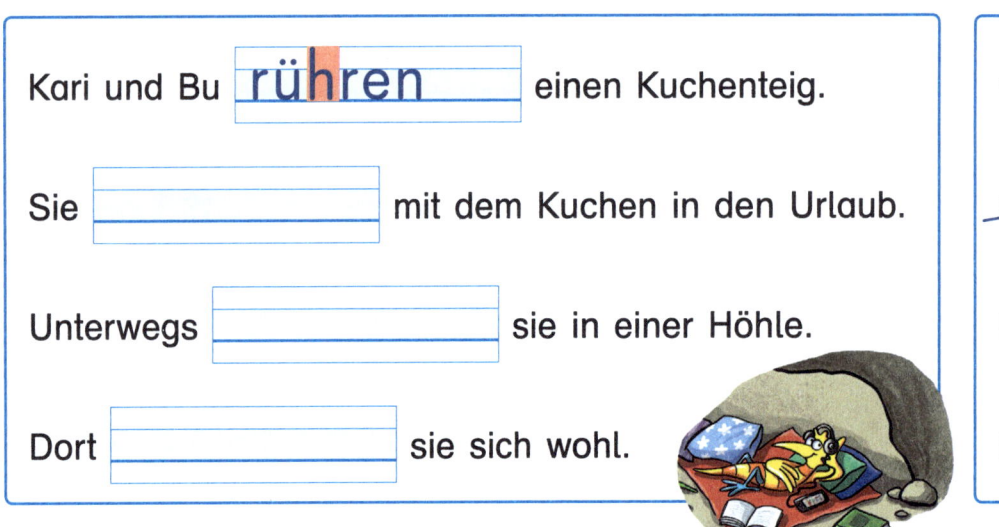

④ Schreibe die Nomen aus ① in verschiedenen Farben und Formen.

Zahl

Grundwortschatz — Rechtschreibstrategien anwenden: Merken, Großschreibung; Arbeitstechniken anwenden: Rechtschreibgespräch • SAH, S. 64 • SB, S. 48

Merkwörter mit Dehnungs-h schreiben

5 ✏ Unterstreiche die Wörter aus ①. Markiere **h**.

> Kari schaut auf die Zahlen seiner Uhr.
>
> Kari und Bu fahren heute zu einer Höhle.
>
> Dort wohnen seit einem Jahr ihre Freunde.
>
> Beide fühlen sich krank.
>
> Einer hat Schmerzen am Zahn, ein anderer im Ohr.
>
> Kari und Bu rühren Honig in einen heißen Tee.

6 ✏ Schreibe den Text aus ⑤ als Wendediktat. 📖   S. 28

7 ✏ Schreibe passende Wörter aus ①.

das Ohr

8 ✏ Setze die Wörter ein.

Ich bin heute **sehr** glücklich.

Samara will mich nicht _____ ärgern.

Ob sie _____ ihr Versprechen hält?

Ich spiele nicht gern _____ Samara.

wohl
mehr
~~sehr~~
ohne

Üben mit Kari und Bu

Perfekt bilden

1 ✏ Schreibe die Verben im Perfekt.

	helfen			lesen	
ich	habe	geholfen	ich	habe	gelesen
du			du		
er			sie		
wir			wir		
ihr			ihr		
sie			sie		

	fahren			gehen	
ich	bin	gefahren	ich	bin	gegangen
du			du		
es			er		
wir			wir		
ihr			ihr		
sie			sie		

2 ✏ Markiere in ① die Vorsilbe ge.

Wiederholung
Sprache untersuchen
Inhalte des Kapitels wiederholen, eigenen Lernstand reflektieren

• SAH, S. 66
• SB, S. 49
• Das kann ich, S. 8

Merkwörter mit Dehnungs-h schreiben

1 Markiere **h**.

| Le**h**m   Möhre   lahm   zahm   stöhnen   bohren |

2 Markiere den Wortstamm farbig: FÜHL   RÜHR

| fühlen   Berührung   Gefühl   rühren |
| er fühlte   sie rührt   Rührgerät   gefühlvoll |

3 Schreibe die Wörter aus ➁ in die Tabelle.

FÜHL	RÜHR
fühlen	

4 Setze die Wörter ein.

Sara findet **ihre** Brille nicht.

Sie schaut in _____ Ranzen.

Dort ist nur _____ Stift.

Micha findet _____ Brille.

| ~~ihre~~ |
| ihre |
| ihr |
| ihren |

Zeit zum Lesen

Sachbezogene Gespräche führen

① 👄 Erzähle.

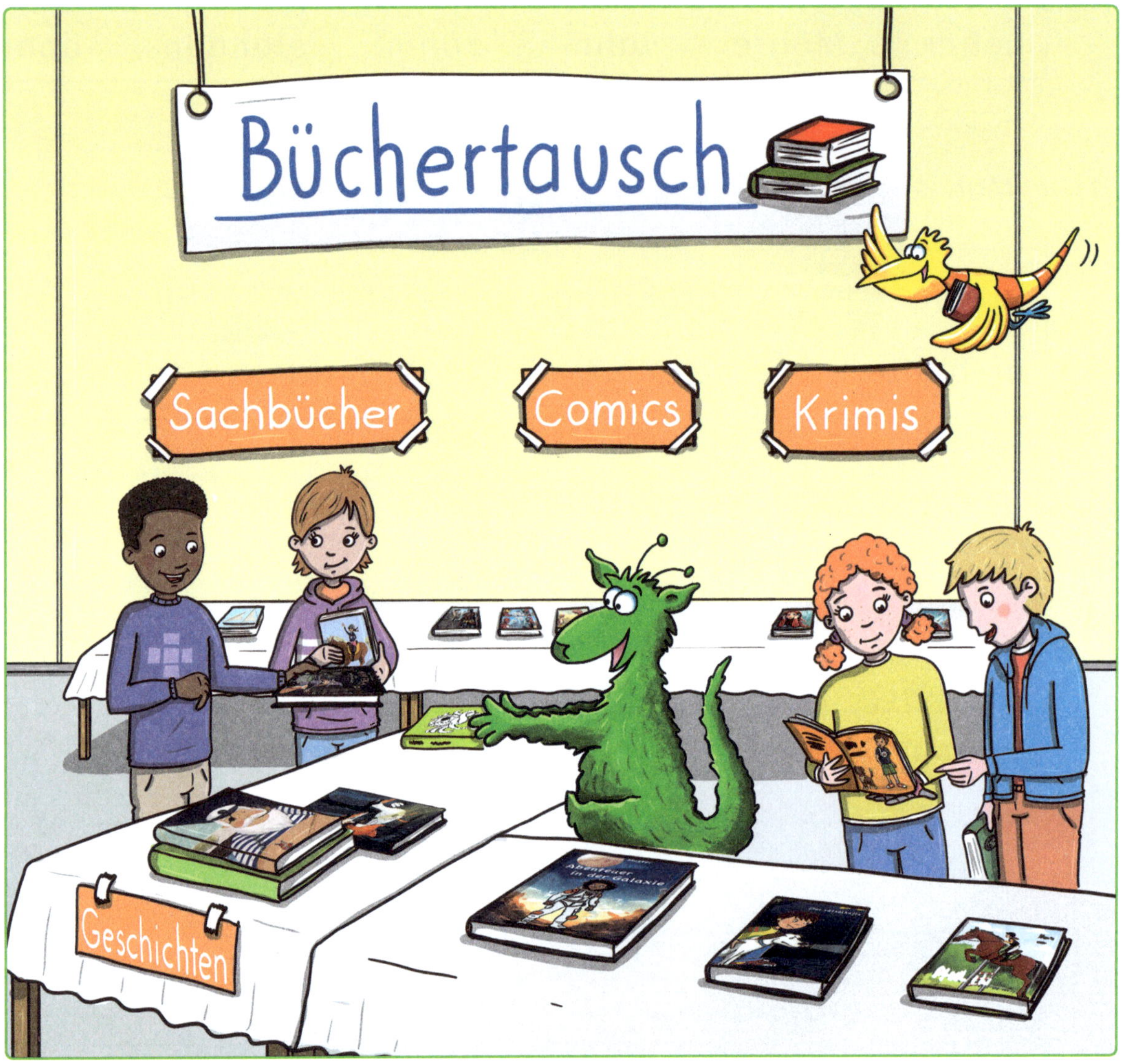

② 👄 Welche Bücher interessieren dich besonders? Erzähle.

③ 👄 Warum tauscht man Bücher? Erkläre.

④ Plant einen Bücherflohmarkt oder einen Büchertausch.

> **Wo** findet er statt?
> **Wer** macht mit?
> **Welche** Bücher nehmen wir?

Über Leseverhalten sprechen

① 👄 Erzähle.

- [2] Ich mag Bücher mit Comicbildern.
- [ ] Mir gefallen Sachbücher mit Texten zum Weltraum.
- [ ] Ich finde Bücher toll, in denen Tiere die Hauptfiguren sind.

② 👁 Lies die Ausschnitte aus den Büchern.

> [1] Lumis Krallen zuckten vor Aufregung. Sie war so nah dran gewesen. So nah! Beim nächsten Mal würde sie es schaffen. Tief beugte sie sich über das Wasser, die Pfote bereit.
>
> *Stefanie Taschinski [gekürzt]*

[2]

> [3] Die Sonne ist sehr groß und schwer. Stell sie dir so groß wie einen Hüpfball vor. Im Vergleich dazu ist die Erde nur etwa so groß wie eine Erbse. Es gibt in unserem Sonnensystem zwei Arten von Planeten: Planeten aus Stein und Planeten aus Gas.
>
> *Christina Braun [verändert und gekürzt]*

③ ✏ Wer mag welches Buch? Trage in ① ein.

④ Welche Bücher dieser Seite interessieren dich besonders? 👄 Begründe. △

Fachbegriffe kennen und erklären

① 👄 Erzähle.

> Die **Illustratorin** zeichnet Bilder für das Buch.

② 👁 ✏ Lies. Ordne in ① zu.

- ☐1 Die **Autorin** hat das Buch geschrieben.
- ☐2 Der **Titel** ist der Name des Buches.
- ☐3 Auf dem **Cover*** ist das Titelbild.
- ☐4 Der **Klappentext** auf der Rückseite beschreibt kurz den Inhalt.
- ☐5 Der **Verlag** stellt das Buch her.

* Cover – sprich: kawa

③ 👄 Wie wählst du ein Buch aus? Erzähle.

> Der **Titel** macht mich neugierig.

> Ich lese gern Bücher mit vielen Bildern.

> Das **Cover** sieht spannend aus.

> Ich lese die **Klappentexte**.

Argumente sammeln und Meinung begründen

① Erzähle.

 ◯ Comic

 ◯ Buch

② Wählst du den Comic oder das Buch? Kreuze in ① an.

③ Warum wählst du den Comic oder das Buch? Kreuze an.

◯ spannend ◯ viele Bilder ◯ Kopfkino
◯ kurze Texte ◯ lustig ◯ _____

④ Nenne deine Gründe aus ③.
Das andere Kind wiederholt.

Ich finde …, weil …

Ich finde den Comic besser, weil die Bilder lustig sind.

Du findest den Comic besser, weil die Bilder lustig sind.

- SAH, S. 71
- SB, S. 53

zu anderen sprechen: argumentieren; mit anderen sprechen: eigene Meinung begründen, auf Gesprächspartnerin/Gesprächspartner eingehen

Sprechen und Zuhören

Satzarten und Satzschlusszeichen kennen

① ✏ Setze die Satzschlusszeichen. **.** **?** **!**
✏ Unterstreiche: Aussagesatz **.** , Fragesatz **?**, Ausrufesatz **!** .

Ich suche einen Comic **.**

Wo stehen die Sachbücher___

Hier gibt es Figuren für die Musikbox___
Das ist ja toll___

② 👁 Lest die Sätze aus ① vor.
👄 Betont so, dass man die Satzschlusszeichen **.** **?** **!** hört.

③ ✏ Setze die Satzschlusszeichen. **.** **?** **!**

gestern haben wir Bücher ausgeliehen **.**

das war toll ___

hast du auch etwas ausgeliehen ___

④ ✏ Markiere die Satzanfänge und Satzschlusszeichen in ③.

⑤ ✏ Schreibe die Sätze aus ③ richtig ab.
✏ Schreibe die Satzanfänge groß.

Gestern

Sprache untersuchen — sprachliche Strukturen kennen und anwenden: Satzarten kennen (Aussagesatz, Fragesatz, Ausrufesatz), Satzschlusszeichen nutzen (Punkt, Fragezeichen, Ausrufezeichen)
• SAH, S. 72
• SB, S. 54

Satzarten und Satzschlusszeichen kennen

① 👄 Erzähle.

Das Bild ist toll!

Lass mich mal sehen!

Zeig mal!

② 👁 👄 Lest die Sätze aus ① betont. Welche Satzarten findet ihr?

Es gibt verschiedene **Satzarten**:
Aussagesatz, Fragesatz, Ausrufesatz, Aufforderungssatz.
Jeder Satz endet mit einem **Satzschlusszeichen**.
Da sind neue Bücher. Wo sind sie? Ach da! Komm mit!

③ ✏ Unterstreiche in ① Ausruf und Aufforderung.

Aufforderung: Jemand soll etwas tun.

④ ✏ Setze die Ausrufezeichen. !
✏ Unterstreiche Ausruf und Aufforderung.

| Komm mit ! | Aua ___ | Bleib stehen ___ | Steh auf ___ |
| Hurra ___ | Lass los ___ | Hilf mir mal ___ | Pfui ___ |

⑤ ✏ Setze die Satzschlusszeichen. . ? !
✏ Unterstreiche Aussagesatz, Fragesatz, Ausruf und Aufforderung.

Die Klasse 3b besucht die Bücherei .

Wo ist die Karteikarte ___

Toll, hier sind Comics ___

Lass mich einmal schauen ___

Wörtliche Rede kennen

① 👄 Erzähle.

② 👁 👄 Lest den Satz. Vergleicht ihn mit ①. Was fällt euch auf? 💬

Momo sagt: „Ich höre eine Geschichte."

Im **Redebegleitsatz** steht, **wer** spricht
und **wie** gesprochen wird.
Er endet mit einem **Doppelpunkt** : .

In der **wörtlichen Rede** steht, **was** jemand sagt.
Sie steht zwischen **Anführungszeichen** „ ".
Momo sagt: „Ich höre eine Geschichte."
Redebegleitsatz   wörtliche Rede

③ ✏ Unterstreiche den Redebegleitsatz und die wörtliche Rede.
✏ Markiere den Doppelpunkt : und die Anführungszeichen „ ".

Momo sagt: „Ich höre eine Geschichte."

Salome sagt: „Ich leihe ein Sachbuch aus."

Ole sagt: „Ich lese den neuesten Comic."

Ali sagt: „Ich mag Märchen."

Ein Wortfeld für Redebegleitsätze nutzen

① ✏ Unterstreiche den Redebegleitsatz und die wörtliche Rede.

> Salome meint: „Ich lese am liebsten Sachbücher."
> Opa schreit: „Wo ist die Zeitung?"
> Papa jammert: „Ich lese jeden Tag 100 E-Mails."
> Till flüstert: „Ich kann noch gar nicht lesen."
> Er ruft: „Lies mir etwas vor, Oma!"
> Oma verspricht: „Ich lese dir vor, Till."

Wortfeld: Wörter mit ähnlicher Bedeutung

② ✏ Markiere in ① die Verben aus dem Wortfeld **sagen**.

③ ✏ Schreibe die Verben aus dem Wortfeld **sagen** aus ① ab.

meint _____ _____

_____ _____ _____

④ Sucht weitere Verben aus dem Wortfeld **sagen**. △ 🔍

⑤ ✏ Setze passende Verben aus ③ ein. Unterstreiche.

Mama	meint	: „Ich liebe Kochbücher."
Papa	_____	: „Wo ist die Postkarte?"
Oma	_____	: „Ich finde die Zeitung nicht!"
Opa	_____	: „Sie liegt im Flur."

Ein Wortfeld für Redebegleitsätze nutzen

1 Welche Verben gehören zum Wortfeld **sagen**? Kreise ein.

(erzählt)	meint	antwortet	flüstert	erklärt
ruft	schleicht	klagt	humpelt	bittet
blinzelt	behauptet	winkt	fragt	murmelt

2 Setze passende Verben aus ① ein.
Setze die Zeichen der wörtlichen Rede.

Samara erzählt : „ Ich lese jeden Abend."

Oma _____ Ich kann dir vorlesen.

Opa _____ Wo ist die Brille?

Papa _____ Schau in den Briefkasten!

Mama _____ Lies mal die Karte!

3 Schreibe die Sätze aus ② ab.
Unterstreiche den Redebegleitsatz und die wörtliche Rede.

Samara erzählt: „Ich lese jeden Abend."

Wörtliche Rede nutzen

1 👁 Lest die Sätze vor.
👄 Betont so, dass man die Satzschlusszeichen **.** **?** **!** hört.

2 ✏ Setze passende Verben aus dem Wortfeld **sagen** ein.
✏ Setze die Zeichen der wörtlichen Rede.

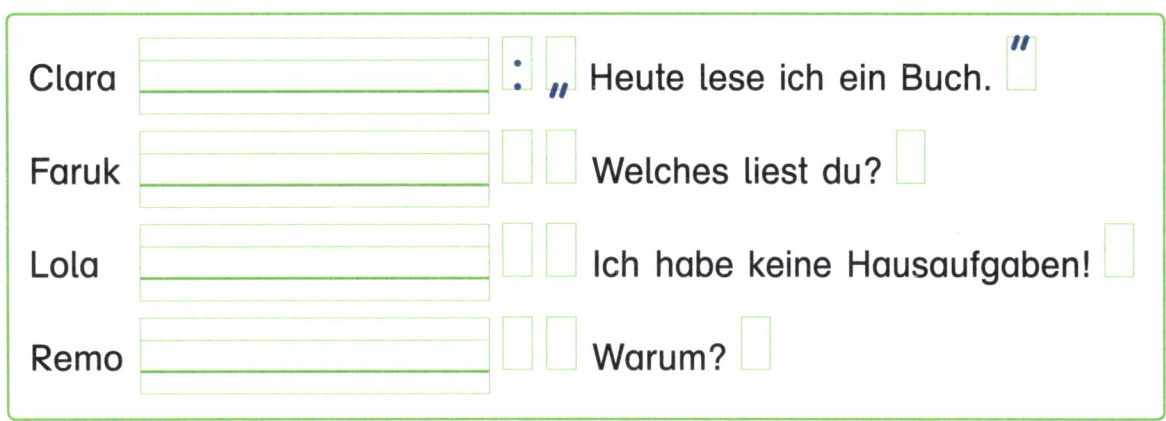

3 ✏ Schreibe die Sätze aus ② ab.
✏ Unterstreiche den Redebegleitsatz und die wörtliche Rede.

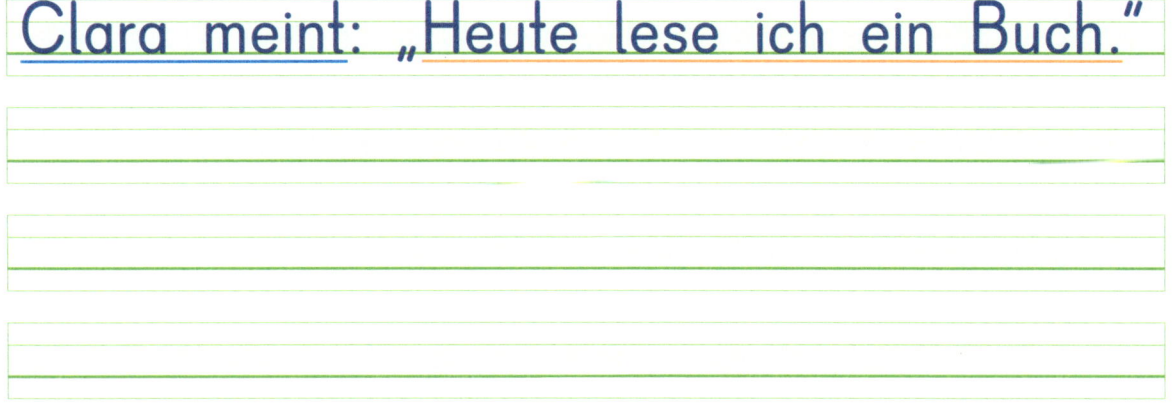

Wörtliche Rede nutzen

1 ✏ Setze die Zeichen der wörtlichen Rede.

> Niklas fragt : „ Wollen wir uns heute treffen? "
>
> Jamal antwortet ☐ ☐ Ja, wenn ich die Hausaufgaben fertig habe. ☐
>
> Niklas fragt ☐ ☐ Wollen wir zusammen Hausaufgaben machen? ☐
>
> Jamal ruft ☐ ☐ Ja, tolle Idee! ☐

2 ✏ Unterstreiche den Redebegleitsatz und die wörtliche Rede in ①.

3 👁 👄 Lies. Was fällt dir auf? Erzähle.

> Du nervst mich!
> Immer meckerst du!
> Lass mich in Ruhe!
> Ich habe nichts gemacht.

> In einem Text schreibe ich, **wer** etwas sagt.

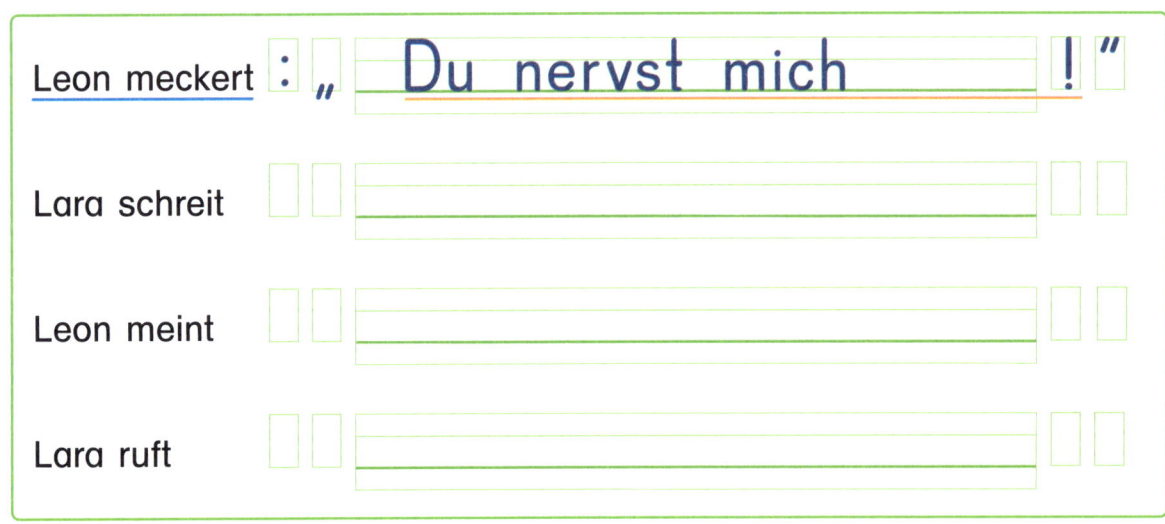

4 ✏ Schreibe den Text aus ③ als wörtliche Rede auf.

> Leon meckert : „ Du nervst mich ! "
>
> Lara schreit ☐ ☐ _____ ☐ ☐
>
> Leon meint ☐ ☐ _____ ☐ ☐
>
> Lara ruft ☐ ☐ _____ ☐ ☐

5 ✏ Unterstreiche den Redebegleitsatz und die wörtliche Rede in ④.

Sprache untersuchen — sprachliche Strukturen kennen und anwenden: wörtliche Rede und vorangestellten Redebegleitsatz nutzen, Satzzeichen nutzen (Doppelpunkt, Redezeichen), Wortfeld *sagen* nutzen
• SAH, S. 78
• SB, S. 57

Wörter mit Ä/ä ableiten

① 👄 Erzähle.

Warum schreibe ich täglich mit ä?

Du musst ableiten: täglich ist mit der Tag verwandt, also mit ä.

② ✏ Markiere Ä/ä. Leite ab. Schreibe das verwandte Nomen mit A/a auf.

die Äste	der Ast	die Blätter	_____
die Gärten	_____	die Räder	_____
die Schränke	_____	die Mäntel	_____

③ ✏ Markiere ä. Leite ab. Schreibe ein verwandtes Wort mit a auf.

| ~~Naht~~ | Blatt | Wahl | Damm | fallen | Zahl |
| Qual | Schale | lang | Kamm | Glanz | Hang |

nähen	Naht	hängen	_____
wählen	_____	glänzen	_____
blättern	_____	fällen	_____
länger	_____	dämmen	_____
quälen	_____	kämmen	_____
schälen	_____	zählen	_____

• SAH, S. 79
• SB, S. 58

rechtschriftliche Kenntnisse anwenden: Wörter mit Ä/ä schreiben, verwandte Wörter finden; Rechtschreibstrategien anwenden: Ableiten

Richtig schreiben

79

Wörter mit äu ableiten

① Erzähle.

Warum schreibe ich schäumen mit äu?

Du kannst schäumen von der Schaum ableiten.

② Markiere äu. Leite ab. Schreibe das verwandte Nomen mit au auf.

die Häuser	das Haus	die Mäuse	
die Sträucher		die Kräuter	
die Räume		die Zäune	
die Bäuche		die Sträuße	

③ Markiere äu. Leite ab. Schreibe ein verwandtes Wort mit au auf.

~~Schaum~~	sauer	sauber	laut	Rauch
Traum	Raum	glauben	kaufen	bauen

träumen		schäumen	Schaum
räumen		säubern	
läuten		räuchern	
säuerlich		gläubig	
Käufer		Gebäude	

Richtig schreiben — rechtschriftliche Kenntnisse anwenden: Wörter mit äu schreiben, verwandte Wörter finden; Rechtschreibstrategien anwenden: Ableiten
• SAH, S. 80
• SB, S. 59

Eine Geschichte mit wörtlicher Rede planen und schreiben

① 👄 Erzähle die Geschichte.

② 👄 Wie reden die Personen in ①? Erzähle.

Chester ruft.

③ Welche Wörter aus dem Wortfeld **sagen** passen zu ①? ✏️ Kreuze an.

⊗ ruft	◯ antwortet	◯ schreit
◯ flüstert	◯ fragt	◯ jammert
◯ meint	◯ räuspert sich	◯ sagt

Eine Geschichte mit wörtlicher Rede planen und schreiben

1 Setze passende Verben aus dem Wortfeld **sagen** ein.
Setze die Zeichen der wörtlichen Rede.

Chester **ruft** : „ Hey, Jungs!

So eine Überraschung!"

Bob _____ Hallo, Chester!

Chester _____ Was verschafft mir die Ehre?

Peter _____ Eine wichtige Frage …

Justus _____ Du hast doch heute Morgen

eigenhändig die Kirschen gepflückt.

Ist dir dabei irgendetwas seltsam vorgekommen?

Chester _____ Tja, äh …

2 Schreibe den Text aus **1** ab.

Eine Geschichte überarbeiten

1) Lies die Geschichte. Was fällt dir auf? Erzähle.

Ein neuer Fall

Die drei ??? klopfen bei einem jungen Mann namens Chester.

Von ihm erhoffen sie sich Informationen, um einen rätselhaften

Fall aufzuklären. Chester öffnet die Tür und sieht die drei Detektive.

Er ~~sagt~~ _ruft_: „Hey, Jungs! So eine Überraschung!"

Bob **sagt**: „Hallo, Chester!"

Chester kommt zu den Freunden auf den Flur und schließt die Tür.

Er **sagt**: „Was verschafft mir die Ehre?"

Peter **sagt**: „Eine wichtige Frage…" Justus **sagt**: „Du hast doch

heute Morgen eigenhändig die Kirschen gepflückt.

Ist dir dabei irgendetwas seltsam vorgekommen?"

Chester **sagt**: „Tja, äh …"

---

2) Nehmt die Geschichte in 1 unter die Lupe. S. 23
   Achtet auf **passende Verben** aus dem **Wortfeld sagen**.

3) Überarbeite die Geschichte in 1. S. 23
   Setze **passende Verben** aus dem **Wortfeld sagen** ein.

| ~~ruft~~ | fragt | antwortet | räuspert sich | meint | fragt |

Forschen mit Kari und Bu

Wörter mit Ä/ä und äu ableiten

S. 27 **1** Schwinge die Wörter. Markiere Ä/ä und äu.

Grundwortschatz
die Ärzte
die Wärme
das Gepäck
das Gebäude
die Wände

Grundwortschatz
er zählt
sie läutet
sie räumt
es fängt
erkältet

S. 26 **2** Führt ein Rechtschreib-Gespräch.

Wärme Gebäude zählt räumt

3 Unterstreiche die verwandten Wörter.

Ärzte	Wärme	Gepäck	Wände	Gebäude
Wand	Arzt	packen	warm	bauen

4 Unterstreiche die verwandten Wörter.

erkältet	läutet	zählt	fängt	räumt
Raum	Zahl	fangen	laut	kalt

5 Schreibe die Paare aus **3** und **4** auf.
die Ärzte — der Arzt, ...

Grundwortschatz — Rechtschreibstrategien anwenden: Ableiten, Großschreibung; Arbeitstechniken anwenden: Rechtschreibgespräch
• SAH, S. 84
• SB, S. 62

84

Wörter mit Ä/ä und äu ableiten

6 Unterstreiche die Wörter aus ①. Markiere **Ä/ä** und **äu**.

> Die Schule ist ein großes Gebäude.
>
> Die Wände sind voller Regale.
>
> Momo zählt die Bücher.
>
> Sie mag die Wärme in der Bücherei.
>
> Dann läutet die Schulglocke. Momo räumt alles in ein Fach.
>
> Ole fängt eine Fliege.

7 Schreibe den Text aus ⑥ als Wendediktat. S. 28

8 Schreibe passende Wörter aus ①.

die Ärzte

sie

9 Setze die Wörter ein.

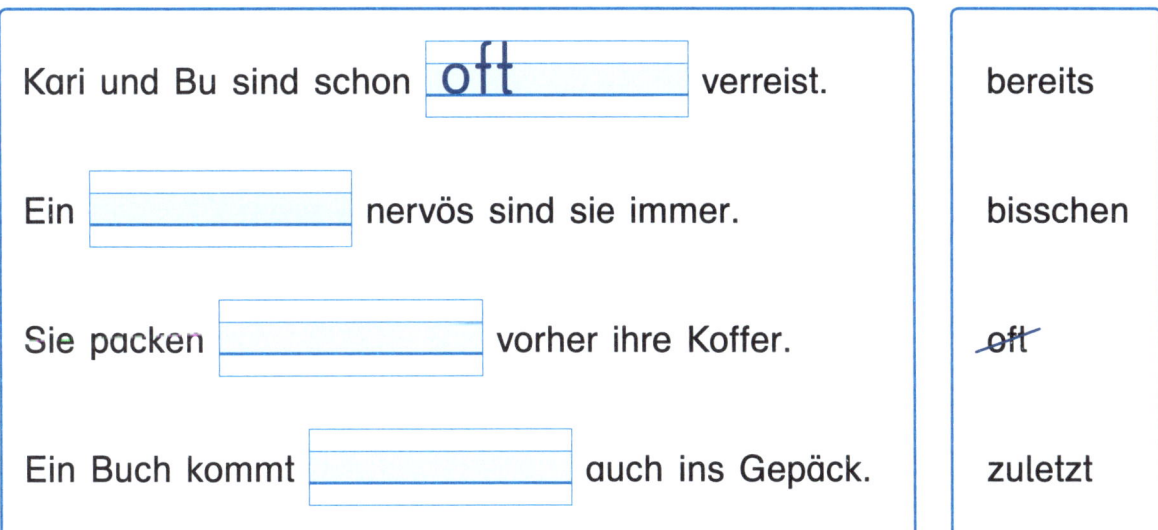

Kari und Bu sind schon **oft** verreist.

Ein _____ nervös sind sie immer.

Sie packen _____ vorher ihre Koffer.

Ein Buch kommt _____ auch ins Gepäck.

bereits

bisschen

~~oft~~

zuletzt

Üben mit Kari und Bu

Wörtliche Rede nutzen

1 Unterstreiche den Redebegleitsatz und die wörtliche Rede.
Markiere den Doppelpunkt : und die Anführungszeichen „ ".

> Clara fragt: „Darf ich heute mein Buch in der Klasse zeigen?"
> Herr Tonte antwortet: „Das kannst du gleich machen."
> Clara jubelt: „Super!"

2 Setze die Zeichen der wörtlichen Rede.
Unterstreiche den Redebegleitsatz und die wörtliche Rede.

> Herr Tonte sagt : „ Ole, jetzt bist du an der Reihe! "
> Ole erklärt ☐ ☐ Ich habe mein Buch leider vergessen. ☐
> Herr Tonte fragt ☐ ☐ Wer kann stattdessen vorstellen? ☐
> Cleo ruft ☐ ☐ Ich kann das gern übernehmen! ☐

3 Setze passende Verben aus dem Wortfeld **sagen** ein.
Setze die Zeichen der wörtlichen Rede.

> Herr Tonte _____ : „ Deine Buchvorstellung war toll. "
> Clara _____ ☐ ☐ Kann ich mir das Buch ausleihen? ☐
> Ole _____ ☐ ☐ Morgen bin ich aber dran! ☐
> Herr Tonte _____ ☐ ☐ Dann denk an dein Buch, Ole! ☐

Wörter mit ä und äu ableiten

1 ✏ Markiere **ä**. Leite ab. Schreibe ein verwandtes Wort mit **a** auf.

| Gras | Arm | Kamm | Strand | ~~Farbe~~ |
| Schale | tragen | Stamm | Naht | Schaden |

färben — Farbe
Gräser —
Ärmel —
schädlich —
er trägt —
nähen —
kämmen —
schälen —
stämmig —
Strände —

2 ✏ Markiere **äu**. Leite ab. Schreibe ein verwandtes Wort mit **au** auf.

| ~~rauschen~~ | rauben | Traum | Zaun | Rauch |
| blau | sauber | Glaube | laufen | verkaufen |

Geräusch — rauschen
Räuber —
Verkäufer —
gläubig —
verträumt —
Abläufe —
einzäunen —
säubern —
räuchern —
bläulich —

Im Herbst

Ein Rondell planen

1 👁 Lest das Rondell.
👄 Was fällt euch auf? Erzählt.

> Ein Rondell ist ein Gedicht mit einem bestimmten Aufbau.

Die Eule

1 Dunkelheit macht ihr nichts aus.

2 Lautlos fliegt sie durch ihr Revier.

3 Man sieht sie nicht – und doch ist sie da.

4 Dunkelheit macht ihr nichts aus.

5 Von weit oben hat sie alles im Blick.

6 Sie wacht über die Tiere im Wald.

7 Dunkelheit macht ihr nichts aus.

8 Lautlos fliegt sie durch ihr Revier.

Steffi Lang

2 ✏ Unterstreiche gleiche Sätze in ① in der gleichen Farbe.

3 ✏ Unterstreiche je einen Satz rot, blau, gelb, lila, orange.

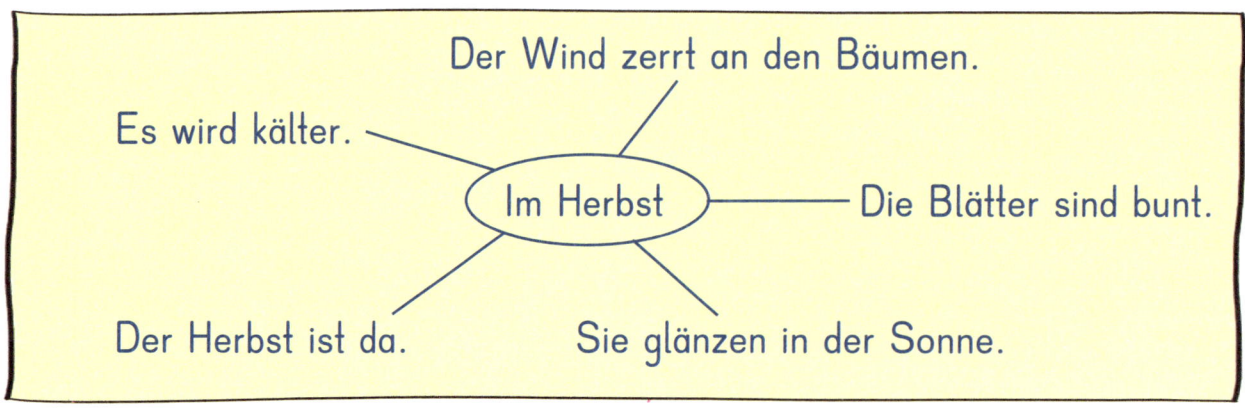

Texte verfassen Texte planen: sprachliche Mittel und Ideen sammeln
• SAH, S. 88
• SB, S. 120

Ein Rondell schreiben

① ✏ Schreibe dein Rondell. Nutze Ideen von Seite 88.

1
2
3
4
5
6
7
8

② ✏ Gestalte dein Gedicht.

③ 👄 Übt eure Gedichtvorträge. Nehmt auf. 👥

④ 👄 Präsentiere dein Gedicht.

⑤ 👄 Gebt euch Rückmeldung.

Ein Vers ist eine Zeile im Gedicht.

Checkliste Rondell
– 8 Verse
– ein Satz in jedem Vers
– Verse 1, 4 und 7 sind gleich
– Verse 2 und 8 sind gleich
– Überschrift passt zum Thema

S. 25

S. 24

- SAH, S. 89
- SB, S. 120

Texte schreiben: nach Mustern Texte (Rondell) schreiben; vor anderen sprechen: Gedicht vortragen

Texte verfassen

Ein Rondell überarbeiten

(1) 👁 Lies das Rondell.

> **Der Drachentanz**
>
> 1 <u>Drachen tanzen in der Luft.</u>
>
> 2 Sie treffen sich am Himmel.
>
> 3 Drachen tanzen in der Luft.
>
> 4 Fröhlich zeigen sie ihr Kleid.
>
> 5 Sie drehen sich im Kreise.
>
> 6 Farbenpracht in grauer Zeit.
>
> 7 Drachen tanzen in der Luft.
>
> 8 Sie treffen sich am Himmel.
>
> *Steffi Lang*

— S. 23 (2) Nehmt das Rondell in (1) unter die Lupe. 🔍 👥
✏ Unterstreiche gleiche Sätze in der gleichen Farbe.

Ein Rondell überarbeiten

① ✏ Schreibe das Rondell von Seite 90 richtig auf.
   👁 Achte auf die Farben.

1
2
3
4
5
6
7
8

② ✏ Gestalte dein Gedicht.

③ 👄 Übt eure Gedichtvorträge. Nehmt auf. 👥

④ 👄 Präsentiere dein Gedicht.   S. 25

⑤ 👄 Gebt euch Rückmeldung. ❤ 💡   S. 24

- SAH, S. 91
- SB, S. 121

Texte überarbeiten: Kriterien für die Überarbeitung nutzen; Arbeitstechniken anwenden: Texte auf Richtigkeit überprüfen (Textlupen); vor anderen sprechen: Gedicht vortragen

Texte verfassen

Im Winter

Gedichtmerkmale kennen

① 👁 👄 Lies das Gedicht. Erzähle.

In der Neujahrsnacht

1 Die Kirchturmglocke
2 schlägt zwölfmal <u>Bumm</u>.
3 Das alte Jahr ist wieder mal <u>um</u>.

4 Die Menschen können sich in den Gassen
5 vor lauter Übermut gar nicht mehr fassen.
6 Sie singen und springen umher wie die Flöhe
7 und werfen die Mützen in die Höhe.

8 Der Schornsteinfegergeselle Schwerzlich
9 küsst Konditor Krause recht herzlich.
10 Der alte Gendarm brummt heute sogar
11 ein freundliches: Prosit zum neuen Jahr.

Joachim Ringelnatz (1883 – 1934)

Das ist eine **Strophe**.

Eine Zeile nennt man **Vers**.

② Wie viele Strophen hat das Gedicht in ①?
👄 Wie viele Verse hat jede Strophe? Erzählt. 👥

③ ✏ Unterstreicht in jeder Strophe in ① die Reimwörter. 👥

④ 👄 Lerne eine Strophe auswendig. Trage sie vor.

⑤ 👄 Was wünschst du dir für das neue Jahr? Erzähle.

Sprechen und Zuhören · vor anderen sprechen: Gedicht vortragen · SAH, S. 92 · SB, S. 122

Mit Schrift gestalten

① 👄 Erzähle.

② 👄 Was ist das Besondere an den Schriftzügen? Erzähle.

③ ✏ Plane deine Karte.

> Ich zeichne leichte Hilfslinien mit Bleistift.

④ ✏ Gestalte eigene Karten mit deinem Schriftzug. 📓
Du kannst auch ein Tablet nutzen.

• SAH, S. 93
• SB, S. 123

über Schreibfertigkeiten verfügen: Texte mit Schrift gestalten;
mit Medien umgehen: digitale Werkzeuge nutzen

Texte verfassen

Kompetenzübersicht

Kapitel	Sprechen und Zuhören	Sprache untersuchen
Willkommen	S. 4: zu anderen sprechen: erzählen; mit anderen sprechen: Gespräche führen; Gesprächsregeln entwickeln und beachten; verstehend zuhören: Hörtexte erfassen	S. 6: sprachliche Strukturen anwenden: Wörter ordnen (Alphabet)
In der Schule	S. 8/9: zu anderen sprechen: von Erlebnissen berichten; mit anderen sprechen: Gesprächsregeln entwickeln, beachten; verstehend zuhören: Hörtexte erfassen; Zuhörstrategien nutzen	S. 10–17/26: sprachliche Begriffe und Strukturen kennen und anwenden: Nomen (Substantiv) kennen, abstrakte Nomen (Substantive) kennen, Einzahl (Singular) und Mehrzahl (Plural) kennen, Wortbausteine -ung, -heit, -keit kennen, zusammengesetzte Nomen (Substantive) kennen, Grund- und Bestimmungswort kennen, Möglichkeiten der Wortbildung kennen; Rechtschreibstrategien anwenden: Nomen großschreiben; S. 26: eigenen Lernstand reflektieren
In der Natur	S. 28–31: zu anderen sprechen: erzählen, Erzählstrukturen kennen und umsetzen (Reihenfolge); mit anderen sprechen: Gesprächsregeln anwenden, wertschätzend Rückmeldung geben; vor anderen sprechen: mithilfe von Stichworten ein Thema vorstellen, Informationen nach Oberbegriffen strukturieren, mithilfe einer Gliederung (roter Faden) einen Vorgang beschreiben; verstehend zuhören: Hörtexte erfassen	S. 32–38/46: sprachliche Strukturen kennen und anwenden: Personalpronomen kennen und anwenden, Personalformen von Verben (regelmäßig, unregelmäßig) kennen und anwenden, Präsens kennen, Vorsilben kennen; Möglichkeiten der Wortbildung nutzen (Wortbausteine); S. 46: eigenen Lernstand reflektieren
Gemeinsam leben	S. 48–51: zu anderen sprechen: erzählen, Wirkungen der Redeweise kennen und beachten (Körpersprache); mit anderen sprechen: über Gefühle sprechen, auf andere eingehen, Konflikte lösen; vor anderen sprechen: szenisch spielen; Unterschiede gesprochener und geschriebener Sprache kennen; verstehend zuhören: Hörtexte erfassen	S. 52–55/66: sprachliche Strukturen kennen und anwenden: Perfekt kennen und bilden; S. 66: eigenen Lernstand reflektieren
Zeit zum Lesen	S. 68–71: zu anderen sprechen: erzählen, informieren, argumentieren, Inhalte mit Fachbegriffen beschreiben (Buchgenres); mit anderen sprechen: eigene Meinung begründen, auf Beiträge anderer eingehen; vor anderen sprechen: Buch vorstellen; verstehend zuhören: Hörtexte erfassen, Rückmeldung geben; mit Medien umgehen: von eigenen Leseerfahrungen berichten, Bücher auf Basis von Interessen auswählen	S. 72–78/86: sprachliche Strukturen kennen und anwenden: Satzarten kennen (Aussagesatz, Fragesatz, Ausrufesatz, Aufforderungssatz), Satzzeichen nutzen (Punkt, Fragezeichen, Ausrufezeichen, Doppelpunkt, Redezeichen), wörtliche Rede und vorangestellten Redebegleitsatz kennen, Wortfeld *sagen* nutzen; S. 86: eigenen Lernstand reflektieren
Durch das Jahr	S. 89/91/92: vor anderen sprechen: Gedicht vortragen	

Richtig schreiben	Texte verfassen	Digitale Kompetenzen BNE
S. 7: sprachliche Strukturen kennen und anwenden: offene und geschlossene Silben kennen und anwenden, Wörter mit ie und i schreiben; Rechtschreibstrategien anwenden: Mitsprechen	S. 5: Abschreibtechniken kennen und anwenden: Abschreibtechnik nutzen, leserlich schreiben	
S. 18–21/24/25/27: rechtschriftliche Kenntnisse anwenden: Wörter mit silbentrennendem h schreiben, Wörter mit vokalisiertem r schreiben, Wörter nach Sprechsilben am Zeilenende trennen; Rechtschreibstrategien anwenden: Mitsprechen, Weiterschwingen, Großschreibung; S. 24/25: rechtschriftliche Kenntnisse anwenden: Funktionswörter schreiben; Arbeitstechnik: Rechtschreibgespräch; S. 27: eigenen Lernstand reflektieren	S. 22/23: Texte planen: Schreibziel klären, Ideen entwickeln, Inhalte strukturieren; Texte schreiben: Wissen über Textsorten anwenden, eine Erzählung schreiben; Texte überarbeiten: Kriterien für die Überarbeitung nutzen; Arbeitstechniken anwenden: Texte auf Richtigkeit überprüfen (Textlupen)	
S. 39–41/44/45/47: rechtschriftliche Kenntnisse anwenden: Wörter mit Auslautverhärtung (t/d, k/g, p/b, ß/s) schreiben; Rechtschreibstrategien anwenden: Weiterschwingen, Großschreibung; S. 44/45: rechtschriftliche Kenntnisse anwenden: Funktionswörter schreiben; Arbeitstechnik: Rechtschreibgespräch; S. 47: eigenen Lernstand reflektieren	S. 42/43: Texte planen: Textmuster erschließen (Rezept), Textfunktion klären; Texte schreiben: Rezept nach Mustern schreiben; Texte überarbeiten: Kriterien für die Überarbeitung nutzen; Arbeitstechniken anwenden: Texte auf Richtigkeit überprüfen (Textlupen)	S. 42: 3: Gesundheit und Wohlergehen
S. 56–61/64/65/67: rechtschriftliche Kenntnisse anwenden: Wörter mit Doppelkonsonanz, ck, tz schreiben, Wörter mit Dehnungs-h schreiben; Rechtschreibhilfen nutzen: mit der Wörterliste arbeiten; Rechtschreibstrategien anwenden: Mitsprechen, Weiterschwingen, Merken; S. 64/65: rechtschriftliche Kenntnisse anwenden: Funktionswörter schreiben; Arbeitstechnik: Rechtschreibgespräch; S. 67: eigenen Lernstand reflektieren	S. 62/63: Texte planen: Schreibabsicht und Schreibsittion klären; Textmuster erschließen (Brief); Texte überarbeiten: Kriterien für die Überarbeitung nutzen; Arbeitstechniken anwenden: Texte auf Richtigkeit überprüfen (Textlupen)	S. 51: 16: Frieden Gerechtigkeit und starke Institutionen; S. 63: E-Mail-Programm als Schreibwerkzeug nutzen, digitale Rechtschreibhilfen nutzen
S. 79/80/84/85/87: rechtschriftliche Kenntnisse anwenden: Wörter mit ä und äu schreiben, verwandte Wörter finden; Rechtschreibstrategien anwenden: Ableiten; S. 84/85: rechtschriftliche Kenntnisse anwenden: Funktionswörter schreiben; Arbeitstechnik: Rechtschreibgespräch; S. 87: eigenen Lernstand reflektieren	S. 81–83: Texte planen: Methoden zum Sammeln und Ordnen von Wortmaterial anwenden; Texte schreiben: Formulierungshilfen anwenden (treffende Verben aus dem Wortfeld *sagen*, Zeichen der wörtlichen Rede); Texte überarbeiten: Kriterien für die Überarbeitung nutzen (Wortfeld, wörtliche Rede); Arbeitstechniken anwenden: Texte auf Richtigkeit überprüfen (Textlupen)	S. 68: 12: nachhaltige/r Konsum und Produktion
	S. 88/89: Texte planen/schreiben: Rondell nach Mustern schreiben; S. 90/91: Texte überarbeiten: Kriterien für die Überarbeitung nutzen; Arbeitstechniken anwenden: Texte auf Richtigkeit überprüfen (Textlupen); S. 93: über Schreibfertigkeiten verfügen: Texte mit Schrift gestalten	S. 93: mit Medien umgehen: digitale Werkzeuge nutzen

Bild- und Textquellenverzeichnis

Bildquellenverzeichnis

|Annette Forsch Konzeption & Design, Berlin: 51.7, 68.7, 95.1, 95.2, 95.3. |Blue Ocean Entertainment AG, Stuttgart: Die Drei ??? Kids Fußball Ferien Freunde! - Christian Hector, Björn Springorum, Stuttgart: Franckh-Kosmos Verlags-GmbH & Co. KG 69.2. |Ciecimirski, Michael, Braunschweig: 4.1, 6.1, 6.2, 6.3, 6.4, 6.5, 6.6, 8.1, 9.1, 9.2, 9.3, 14.1, 16.1, 18.1, 18.2, 19.1, 21.1, 22.1, 23.1, 23.2, 28.1, 29.1, 29.2, 30.1, 30.2, 30.3, 30.4, 30.5, 30.6, 30.7, 31.1, 31.2, 31.3, 31.4, 31.5, 31.6, 32.2, 33.1, 34.2, 36.1, 39.1, 40.1, 42.1, 42.2, 42.3, 42.4, 42.5, 42.6, 42.7, 42.8, 42.9, 43.1, 43.2, 43.3, 43.4, 57.11, 63.1, 63.2, 63.3, 63.4, 63.5, 89.3, 89.4, 91.2, 91.3. |Doering, Svenja, Köln: Titel, Titel, Titel, Titel, 5.1, 7.1, 7.2, 9.4, 10.1, 11.1, 12.1, 13.1, 14.2, 14.3, 15.1, 16.2, 18.3, 20.1, 20.2, 22.2, 22.3, 24.1, 24.2, 26.1, 29.3, 34.1, 35.1, 37.1, 38.1, 40.2, 40.3, 42.10, 42.11, 43.5, 44.1, 44.2, 47.2, 48.2, 49.2, 50.2, 53.9, 53.10, 55.1, 56.7, 56.8, 57.1, 61.1, 62.2, 62.3, 62.4, 63.6, 64.1, 64.2, 66.1, 67.1, 68.2, 68.3, 68.5, 70.3, 71.5, 72.3, 73.4, 75.1, 78.1, 81.2, 83.1, 84.1, 84.2, 87.1, 88.1, 88.2, 89.1, 89.2, 90.1, 90.2, 91.1, 92.1, 92.2, 93.1, 93.2, 93.3, 93.4, 93.5, 93.6. |Franckh-Kosmos Verlags-GmbH & Co. KG, Stuttgart: Calle Claus, Oliver Ferreira, Die drei??? Kids. Das Kirsch-Komplott © 2024 71.1, 71.3, 81.1. |Jungkeit, Gaby, Hofheim: 21.2, 47.1, 48.1, 49.1, 50.1, 51.1, 51.2, 51.3, 51.4, 51.5, 51.6, 52.1, 52.2, 54.1, 56.1, 56.2, 58.1, 59.1, 60.1, 62.1, 62.5, 68.1, 68.4, 68.6, 69.1, 71.6, 71.7, 72.1, 72.2, 73.1, 73.2, 73.3, 74.1, 74.2, 74.3, 77.1, 77.2, 77.3, 77.4, 78.2, 79.1, 80.1, 88.3. |Loewe Verlag GmbH, Bindlach: Das magische Baumhaus 1. Im Tal der Dinosaurier. Mary Pope Osborne, Illustration von Jutta Knipping. Loewe Verlag GmbH 2000, Cover, U4 70.1, 70.2, 71.2; Das magische Baumhaus 1. Im Tal der Dinosaurier. Mary Pope Osborne, Illustration von Jutta Knipping. Loewe Verlag GmbH 2000, S. 11 71.4. |Reimers, Silke, Mainz: 6.7, 6.8, 6.9, 6.10, 17.1, 25.1, 25.2, 25.3, 25.4, 27.1, 27.2, 27.3, 27.4, 27.5, 27.6, 32.1, 32.3, 32.4, 32.5, 35.2, 35.3, 35.4, 35.5, 35.6, 35.7, 35.8, 35.9, 37.2, 37.3, 37.4, 37.5, 41.1, 41.2, 41.3, 41.4, 41.5, 41.6, 45.1, 45.2, 45.3, 45.4, 46.1, 46.2, 46.3, 46.4, 52.3, 52.4, 52.5, 52.6, 53.1, 53.2, 53.3, 53.4, 53.5, 53.6, 53.7, 53.8, 56.3, 56.4, 56.5, 56.6, 57.2, 57.3, 57.4, 57.5, 57.6, 57.7, 57.8, 57.9, 57.10, 57.12, 57.13, 57.14, 57.15, 58.2, 58.3, 58.4, 58.5, 59.2, 59.3, 59.4, 59.5, 60.2, 60.3, 60.4, 60.5, 61.2, 61.3, 61.4, 61.5, 61.6, 61.7, 65.1, 65.2, 65.3, 65.4, 65.5, 65.6, 66.2, 66.3, 66.4, 66.5, 66.6, 66.7, 66.8, 66.9, 67.2, 85.1, 85.2, 85.3, 85.4.

Textquellenverzeichnis

S. 69: Taschinski, Stefanie: Funkenwald. Verlag Friedrich Oetinger GmbH, Hamburg 2015; Hector, Christian und Springorum, Björn: Die drei ??? Kids. Fußball, Ferien, Freunde! Franckh-Kosmos Verlags-GmbH & Co. KG, Stuttgart 2021; Osborne, Mary Pope und Rahn, Sabine: Das magische Baumhaus. Im Tal der Dinosaurier, Loewe Verlag GmbH 2000; Braun, Christina: WAS IST WAS Erstes Lesen Band 2. Planeten, Tessloff Verlag 2018; **S. 71**: Claus, Calle und Ferreira, Oliver: Die drei ??? Kids. Das Kirsch-Komplott. Franckh-Kosmos Verlags-GmbH & Co. KG, Stuttgart 2024; Osborne, Mary Pope und Rahn, Sabine: Das magische Baumhaus. Im Tal der Dinosaurier, Loewe Verlag GmbH 2000; **S. 81, 82**: Claus, Calle und Ferreira, Oliver: Die drei ??? Kids. Das Kirsch-Komplott. Franckh-Kosmos Verlags-GmbH & Co. KG, Stuttgart 2024.